挫折研究所

獲得完美人格的必修課堂

曾改變無數人命運的勵志演講
美國最偉大的心靈導師以「挫折」鼓舞人生！

Ralph Albert Palette
拉爾夫・阿爾伯特・佩里特 著
繁多 譯

THE UNIVERSITY OF HARD KNOCKS
The School That Completes Our Education

「等我有了成就，以後就有能力做更偉大的事情了。
你錯了。你現在就應該去做，而不是在你說過無數個『以後』之後。
你現在就要去奉獻，這個世界也需要你的奉獻。」
——生活就是個累積的過程。

目 錄

序言 PREFACE

關於本書 WHAT IT'S ALL ABOUT

Chapter1　成長與挫折為伴

018	非必要挫折
023	必要挫折
026	眾河之父密西西比河
030	堅定信念，繼續南行

Chapter2　八十年磨一劍的摩西

037	一席之地
039	積極進取
041	不思進取
044	累積實力
047	功到自然成
050	八十年磨一劍的摩西

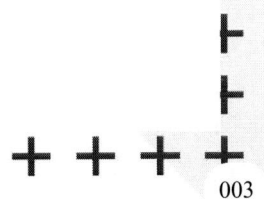

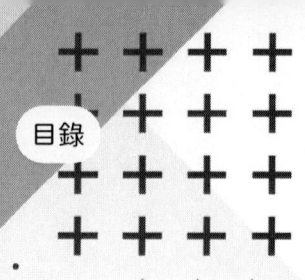

目錄

052	起步階段
055	埋葬自己
059	偉大的祕訣
061	如何變得偉大
063	奉獻的快樂
064	只有一種職責
066	尋找偉大的人

Chapter3　從生活中畢業

071	格西的教育
073	三次停工
075	從生活中畢業
077	美國悲劇
081	工作，樂在其中

Chapter4　小提琴與調弦

091	不勞而獲
094	獲利分紅
096	意外的「中獎」

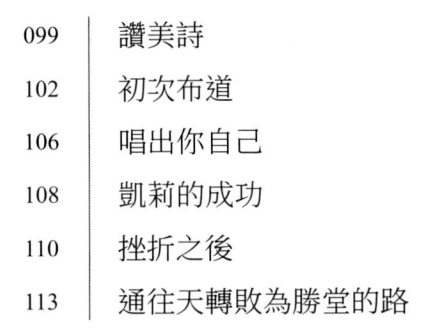

099	讚美詩
102	初次布道
106	唱出你自己
108	凱莉的成功
110	挫折之後
113	通往天轉敗為勝堂的路

Chapter5　回首往事

117	畢業典禮
120	「秋後」還帳
122	高中畢業
124	刮目相看
126	二十一年後
130	令人羨慕的男孩
131	搖槳的賓漢

Chapter6　憧憬未來

137	等待晚宴
139	與年俱增

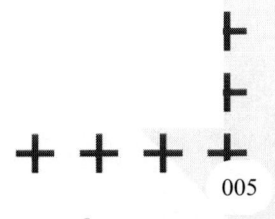

005

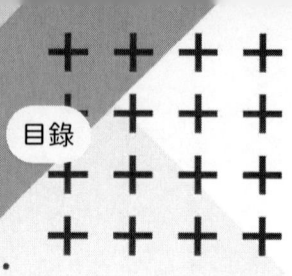

目錄

| 141 | 永保青春 |
| 143 | 轉敗為勝 |

Chapter7　攀登高峰

| 150 | 登上雲端 |

序言 PREFACE

　　一個能夠努力克服艱難的人有權利得到他應得到的，他會得到上帝的庇佑。

—— 《啟示錄 21：7》

　　禍兮福之所倚。就像蟾蜍，長相醜陋並且分泌毒液，然而，牠的身體裡卻藏著珍貴的藥材。因此對於我們的生活，應該拋開那些每日重複又重複的瑣事，而去尋找樹的妙語、溪水的思想、冥石無言的啟示，以及自然萬物的精神給予人類的美好啟迪。

—— 莎士比亞

　　迄今為止也許已有上百萬人付錢在呂克昂學府（Lyceum）、教師進修學院、俱樂部或其他的聚會上聽過關於〈挫折大學〉的演講。其中大概有一千人詢問過這篇演講能否編撰成書，可能更多人已經開始撰寫了。

　　這就是本書的由來。書中的內容是人們在演講中聽到的，或者他們只聽到了其中一部分。我花了許多夜晚才整理完畢，最後將其裝訂成書。其實這並不是我的寫作風格，其中很多部分都有些口語化。因為演講的對象是聽眾，聽眾是驗證一篇演講是否成功的關鍵。

　　在這本書中，第一人稱似乎有點多，與其說這是一篇演

講,不如說是一份自白,因為沒有人在自白時會絕口不提「我」。

我的學習才剛剛開始,每一天我都覺得自己在取得進步,對於事物的看法更加透澈,我本應該等到明天再列印這本書,因為我可能會發現更多的不足之處。但這已經是我今天能做到的最好也是最認真的事了,因為大家都已經在期待了。

謹對大家的支持表示最誠摯的感謝!

芝加哥《呂克昂雜誌》

拉爾夫・艾爾伯特・佩里特(Ralph Albert Parlette)

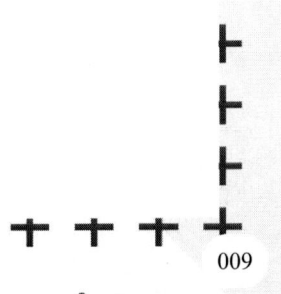

序言 PREFACE

關於本書
WHAT IT'S ALL ABOUT

關於本書 WHAT IT'S ALL ABOUT

　　沒有人能買到教育，也沒有人能給予我們教育。更多的教育是我們在「實踐」這所大學中獲得的。書本和校園只是為我們提供了學習的工具和場所，其中有些書本和學校是世界上最好的。我們必須學會利用這些工具和場所。只有辛勤的實踐、不懈的奮鬥、英勇的獻身、不斷的完善以及最後取得的傲人成績，才能使我們認識世界、理解世界、取得成功、享受快樂、增加力量，最後學會生活。

　　「我們中最偉大的人，應該是我們最忠誠的公僕。」所謂偉大就是肩負更大的責任，服務更多的人。

　　健壯的臂膀是花錢買不來的，必須透過鍛鍊來獲得；偉大的思想是買不來的，必須透過內在的培養來獲得；偉大的人格也是買不來的，必須透過道德上的約束來獲得。

　　挫折大學具備兩大功能──阻礙和幫助。我們用一生來學習，因為並不是所有人都具有天生的智慧。我們不知道記住了什麼，只知道我們被賦予了什麼，為了什麼活著，或者當我們被傳喚為證人時，什麼會被當作證據。

　　美國何時才能夠強大並大步向前，取決於我們培養了多少個「格西」[01]。我們並沒有變老，而是走向永生。我們過去所有的歲月都是為了這一天，我們生命中最偉大、最智

---

[01] 格西，書中一個故事中的主角，是一個典型的教育失敗的產物。他從小享盡父親無節制的寵愛和縱容，結果長大後一事無成。

慧、最快樂的一天。

當和平、和諧、友愛、明智和理解取代了衝突、爭吵和罪惡，我們最終完成了我們的教育。

當我們克服一切困難攀登上了生活的高峰，我們便超越了自己，所有的艱險和阻礙都變成了明媚的陽光。我們站在生命的最高點，俯視一路走來的燈光，在上帝的學位授予典禮上獲得了嶄新的永生。

願上帝保佑我們
我們只是孩子，一直在成長，卻永遠長不大

願上帝保佑我們
繼續挑戰自我
繼續服務社會
繼續克服險阻
我們的生活會更長久、更強韌、更開心
我們將獲得生命中美好的一切
永遠告別煩惱

願上帝保佑我們
昨天已逝，珍重現在，面向未來

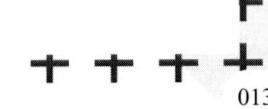

關於本書 WHAT IT'S ALL ABOUT

Chapter 1
成長與挫折為伴

Chapter1　成長與挫折為伴

世界上所有的父母常常這樣說:「我們這輩子是沒有太多機會了,但是我們要盡可能地給孩子們多提供機會。我們的孩子要得到我們所能給予的最好的教育。」

當然也有一部分人認為教育有時是可以用錢買到的,所以當孩子不能考上大學時,他們就花更多的錢買教育給孩子們。

但是更多的人做不到這一點,他們只能為孩子們開啟機會的大門,然後對他們的孩子說:「師父領進門,修行在個人。」

他們總是把自己的思想灌輸給孩子們,但是簡單的給予和灌輸並不能讓孩子們領會父母的用心良苦,只有當孩子們能夠徹底領悟其中的意義,才能真正擁有這些財富。

只有透過自己的努力才能使我們擁有身邊的一切;只有親身經歷才能讓我們領悟其中的意義;只有實踐才能出真知。

我們無法不勞而獲。

我們不僅僅是從書本中學習知識,更是在挫折中獲得進步。我們都在一所偉大的學校中學習——一所充滿挫折的大學。

它的操場是整個宇宙,校長是上帝。

在這所學校裡，我們能學到自己所需要的所有東西，然後再把我們的所學都寫入自己的經驗之書。

我們所經歷的每一次挫折都是人生中寶貴的一課。在挫折中學習，就可能不會再犯同樣的錯誤，雖然緊接著我們又可能會犯新的錯誤。如果我們自認為天資聰穎，這是最糟糕的事，這樣我們就不能真正理解在挫折中學習的意義，我們會一次一次地犯同樣的錯誤，直到有所醒悟。莎士比亞或其他人的話使我們明白，「每個小挫折對我們來說都深具意義」。

隨著我們慢慢長大，會發現自己一共經歷過兩類挫折——需要的挫折和不需要的挫折。其中有些挫折是在我們意料之中的，有些則是在意料之外。

我們可以以另外一種方式表達，一所挫折大學共分為兩個學院——非必要挫折學院和必要挫折學院。

孩子們，或許你們不相信我要說的，我們無法把所有的東西都教給年輕人。你們天性聰明，會知道得更多，但你們也會犯我們曾經犯過的錯誤。如果你們能夠記住我所要說的，在以後的日子裡，你們會發現它們對你們的人生有莫大的幫助。

Chapter1　成長與挫折為伴

非必要挫折

　　說到這裡,我清楚地記起小時所經歷的一次非必要的挫折。當時,我企圖使全家人都服從我的意志。那時的我已經四歲,家人圍坐在我的周圍,我就坐在一把高腳椅上,對周圍的一切都躍躍欲試。

　　高腳椅剛好高出旁邊的餐桌,這使得桌上的咖啡壺觸手可及。那天,我對咖啡壺著了迷,非常希望能得到那個咖啡壺,真的太想得到了,沒有人能理解我當時的渴望。我對自己說:「在這個世界上你只缺一件東西,就是這個咖啡壺!」

　　但在我準備伸手去拿時,卻意識到身邊坐著一個女人——我的母親。她是我所知道的最愛管閒事的女人,四年來,我所做過的所有事情她都要插手。那個女人說:「別碰!」

　　我越想越煩躁,這個女人有什麼權力總是干涉我想做的每一件事?這種女人掌權的暴政我已經忍受了四年,該讓它收場了!

（我心裡這麼想卻沒有說出來）然後我採取了行動，沒有理會她。終於，我拿到了那個咖啡壺，我毫無阻力地拿到了它。我不僅知道我是何時拿到的，而且知道是從何處拿到的。但這樣做的唯一結果是，我將足足一加侖的咖啡全部澆在了自己身上。我想，絕沒有哪個淘氣鬼弄翻過那麼濃、那麼燙的咖啡，到現在我還能感受到它的滾燙！

此後的幾週裡，我被嚴嚴實實地包裹起來。他們在我的身上塗滿了蘋果醬，還有煤油、蛋青、澱粉等，那些熱心的鄰居們將所能想像到的治療燙傷的東西，一股腦兒地塗在這個暫時黯然失色的「小心肝、小太陽」身上。那次因為我用很愚蠢的方法拿到了咖啡壺，同時自己也受到了懲罰。

我的媽媽總是用她自己奇特的方式教育我——「只說一次」。她不會重複她的話，也不會與我爭吵。她就只說一句「不行」，然後就自顧自地繼續編織她的毛衣，任我為所欲為。奇怪，現在的媽媽們為什麼不織毛衣了呢？

媽媽常對我說：「別往坑裡跳。」結果往往是她的話音剛落，我整個人就已經在坑裡面了，而她甚至都不看我一眼。鄰居們經常抱怨我的媽媽對待她天使般的寶貝很殘酷，但他們有所不知的是，我是一個多麼倔強、多麼任性的小東西，這一點只有媽媽知道。她也知道這是教育我最快捷、最有效的方法。

Chapter1　成長與挫折為伴

　　於是，我很快明白了一個道理：如果不聽媽媽的話，如果粗心大意，壺裡滾燙的咖啡就會澆在我的身上。媽媽不是在懲罰我，媽媽不是那種愛懲罰人的人。整個事件的善後處理當然都是爸爸的事，是他在寓所後面的實驗室裡完成的。

　　多年的經歷告訴我們，那些非必要的挫折如出一轍，只要你小心，是完全可以避免的。智慧的聲音在召喚我們每一個人：「人類的孩子們啊，做正事，走正道吧！你們會越來越明智，越來越幸福。」然而，我們大多數人都不願永遠被脅迫著走上正道。

　　因為我們總是希望做自由自在、不受道德約束的人。於是，我們總是偏離正道，總是沿著禁止通行的小道一直向下走去，因為這些小道走起來更加輕鬆愉快，也更有吸引力。任何時候，向下走總是輕鬆的，我們只需滑下去；向上攀登卻不同，我們要花費力氣，付出更多的艱辛和勇氣。

　　這是因為，任何事物如果是向下，就會自動行進；如果是向上，則必須藉助外力的推動。咖啡遲早都會灑出來，我們會被燙出滿身的大泡，我們會嘗到非必要挫折的滋味。如果你現在還沒有遭遇過，你早晚會遇到。

　　我以前常常把這種挫折稱為壞運氣，現在我才知道這些都是對我們的懲罰。「吃一塹，長一智」吧！有一次，我付

給一個看相的女人兩美元，讓她看看我的手相。她說：「這不是你的過錯，而是你的出生時辰不佳。你出生時，頭頂正懸著一顆黑煞星。」天哪，你們不知道這句話給過我多大的安慰！因為那都不是我的錯，只是因為命理不好我才會那樣。但現在我明白了，我們每個人都會遇到挫折，但幸運的是我們能在挫折中吸取教訓。這樣以後我們就不會在同一個地方摔兩次跤。如果再次遇到同樣的困難，我就會想：「這個問題我好像在哪裡碰到過。」然後將其避開。

如果你在生活中隨波逐流，就會走下坡路，你不得不克服阻力向上前進。而且你注意到，所有放任自流的事物，都是向下的。我想再次重申，任何事物只要是向下，就會自動滑下去；而要向上，則必須藉助外力的推動。看看那些教堂、學校、演講大廳、夏令營、社會改良以及一切向上的活動吧，它們從來都不是自覺的，都必須藉助外力的推動。

人生就是一部關於浪子的紀錄。對於父輩們留下的那些經驗，我們充耳不聞，獨自闖世界。在這條乳白色的通往未知世界的寬闊馬路上，正步行著成千上萬的浪子。他們可能正在一個永遠沒有幸福的地方尋找幸福，日子充斥著失望和空虛。隨著他們不斷受到挫折，就會開始思考自己的道路。一旦他們學會了思考，就會發現自己的生活是多麼的空虛和

Chapter1　成長與挫折爲伴

無聊，毫無長進，於是就會產生浪子回頭的想法。但是魔鬼總是讓他們沉溺於他們的生活，不去思考他們所走的路。如果他們沒有學會獨立思考，你就幫不了他們。想讓一個年輕人思考不是件容易的事，他們總以為自己天性聰明，能避免那些使千千萬萬的人栽過跟頭的陷阱和挫折。他們一心想拿到咖啡壺，他們不可救藥地向下滑去，沉溺於他們的生活。

必要挫折

在我們的一生中都會遭遇到自己想不到的挫折。這些挫折可能會主動來找我們，它們甚至要將我們擊碎。它們給我們重創，或許我們不會從這些創傷中恢復。但遲早我們會明白這些挫折都是我們需要的，因為我們只有在挫折中才能成長，我們必須克服這些挫折。

一天，我走在明尼蘇達州德盧斯城北大約一百英里外米薩伯鎮的小路上，看到地上有一個巨大的洞穴，約半英里那麼長。許多蒸汽式挖土機正在從洞裡將我認為是紅泥的東西挖掘出來。「你好，先生，他們為什麼將紅泥從那個洞裡挖出來呢？」我問一個當地人。

「那不是紅泥，是鐵砂，這裡是世界上最好的鐵礦。」「鐵砂有什麼用呢？」「在這裡它毫無用處，所以我們得把它運走。」其實這樣的「紅泥」到處都有，但只有將它們換個地方，將它們送入「挫折大學」進行淬鍊，它們才會成材。此後

Chapter1　成長與挫折為伴

不久,在賓夕法尼亞州的匹茲堡附近,我看到了這樣的「紅泥」。它們經過湖泊,沿著鐵路被運進了鼓風爐 —— 我們常說的「非必要挫折學院」。

我在碾磨機裡看見了它們,裡面混有石灰、木炭和其他混合材料。然後,人們將碾磨機密封起來,開始「上課」了。這些紅泥不斷地接受著烘烤,這絕對不是一件簡單的事。直到烤熟了,人們才停下來。

你們注意到了嗎?人們總是把東西烤熟之後才肯停下來。如果我們仍在接受烘烤,就說明我們還沒有被烤熟!

然後,他們將「學院」底部的插銷拔掉,舉行晉級儀式。紅泥噴湧而出,流進沙子裡。現在,它們已不再是紅泥,因為它們已經被烘烤過了。此時,它們已成為學院裡的一年級新生 —— 生鐵。它們遠比紅泥值錢,因為它們經過了提煉。

部分「生鐵」進入另外一個「系」,一座巨大的冶煉爐。在那裡,它們再次受到磨練,結業後變成二年級學生 —— 鋼。

鋼可比生鐵值錢多了。部分二年級學生繼續更新,再次遭到磨練,並被軋成薄片,成為三年級學生。之後,其中的一部分再次更新。每升一級,就要遭受更多的鍛打、烘烤和磨難。

我好像聽見紅泥在哭喊:「噢,救命啊!救命啊!他們要殺了我!我再也無法忍受這種痛苦了!他們為什麼要帶我離開地上的那個洞穴,我幸福的家鄉?他們為什麼要打我,為什麼要傷我的心?我一直是安分守己的呀。噢,他們為什麼還要烘烤我?噢,這一切真讓我無法接受!我要是再回到地下沒人會認得我了!」

然而,他們最後卻給它們頒發了一張張文憑,一張可以說明它們的烘烤程度的價值標記。如果那些紅泥還在地下埋著,是沒人會要的。

它們被烘烤之後,大家爭相購買。它們被烘烤的次數越多,價錢就越高。它們被運往世界各地,放到櫥窗裡,許多人過來欣賞它、稱讚它:「真是好東西呀!」如果一噸紅泥被做成手錶上的發條或刮鬍刀片,其價格高達上萬美元!

同病相憐的人們啊,在我們變成美麗的玻璃杯前都要經受撞擊和烘烤。煤炭和鑽石的區別在於是否經過了提煉和烘烤,沒有坩堝中的痛苦折磨,就不會有結晶的鑽石,不經過人生的危機就不可能成為偉大的人。

讓我們為必要的挫折乾杯!實際上每次挫折都在提升我們的價值。

Chapter1　成長與挫折爲伴

衆河之父密西西比河

讓我們再回到明尼蘇達州。

那裡有一條銀色的小河，人們都稱它為艾塔斯卡湖。在那個地方有一條小溪奔向那個湖。

「那是什麼小溪？」有人問正在划船的吉姆。

「小溪？」吉姆嘲諷地說：「那裡沒有小溪，那是密西西比河！」

密西西比河是眾河之父，是由小溪匯聚而成的。密西西比河從發源地出來時就像一個剛出生的嬰兒，而我們這裡就是密西西比河發源的搖籃。它搖搖晃晃地從搖籃中走出來，就像是剛出生的牛犢一般跌跌撞撞。它不知道自己去往哪裡，但是它已經上路了。

它穿過縣城，來到我們早晚都會來的地方。那是以色列開國君主——掃羅（Saul）前往大馬士革的道路。那裡同樣遍布坎坷。我們知道我們將要去那個地方，如果你還沒有聽

到召喚，請仔細聆聽，一個低沉的聲音在召喚：「穿過明尼蘇達州的小溪，你想長大嗎？那你必須去南方。你想成為眾河之父嗎？那你必須去南方。」

小溪聽了話，就一路奔流去向南方。它走後你就不會再遇見它了，它不停地向南方出發：「對不起，我不能停止，我必須一直向南。」

它目標堅定而執著。它一心嚮往南方。它的生命中只有一個目標——向南方進軍。它從明尼蘇達州的北部出發，就像一個充滿幻想的小男孩或女孩被召喚著去做些什麼事。「再見，夥計們，我要去南方了。」它的耳邊幾乎同時傳來不同的聲音：「密西西比，你為什麼要去南方呢？你沒有足夠的水走出這個縣城。你待在那裡別動，我們知道你的想法。」

但是密西西比並沒有想要走出縣城，它只是努力到達南部。它沒有很多的水，但它不想等到親戚去世時把遺產——水留給它。它帶著僅有的水上路了。它不知道自己距離那個海灣五百公里。其實，你和我都不知道未來的目標有多遠，我也很高興我們不知道未來要面臨的掙扎和挫折，但是有一件事很明確——我們知道自己的方向在哪裡。

我們都有足夠的水上路！密西西比第一天就遇到了一條小溪。小溪與它匯合，於是它擁有了更多的水。第二天它又

Chapter1　成長與挫折為伴

　　遇到了另外一條小溪。一路上它和許多小溪、河流、湖泊匯合。生活就是個累積的過程。

　　在前往南方的路上，它每天都在不斷地壯大。現在你可以聽到後面又會傳來另一種聲音：「我早就告訴過你們，密西西比是可以到達目的地的！」

　　在你成功之後你總會聽見那句話。你還總是能聽到他們說你生來就很幸運。家鄉的人也是最後才承認你的成功的，只有當外面的世界將成功的標籤貼在你身上時，家鄉的人才會熱烈地讚揚你。

　　通常來說，你可能等不到你的家鄉人為你戴上花環的那一天。難道你不為密西西比最終去了南方而感到高興嗎？如果它去了別的方向，它早就迷失在森林裡了。密西西比到達了明尼亞波利斯和聖保羅。這兩個姐妹城應該敲鑼打鼓地歡迎密西西比，因為這條河給他們帶來了富裕的生活，密西西比使他們的磨坊擁有世界上最充足的電能。但是，這兩個姐妹城的態度就像人們對待你我一樣。

　　你注意到了嗎？我們幫助過的人，他們一般都很少懂得感恩。不要期待被感謝，也不要因此而悲傷。與人為善會使你感到高興，但是不要盼著別人回報你。每次期待都是在傷害自己。這一點我體會得更深，因為我曾經期待過。我們只

要按我們的原則做事，而不要因為別人會感激你而為他們做事，就像太陽不會因為照耀大地而期待大地的感激一樣。這話說起來容易，但做起來太難了。明尼亞波利斯和聖保羅以惡來報答他們的恩人。他們把裝番茄的罐子、不要的垃圾和一些破舊的東西扔進了密西西比河。密西西比並沒有退縮！密西西比也沒有向人們訴說它的煩惱。它沒有說：「沒人感激我，我的才能沒有得到認可。我不會再這樣仁慈地對待他們了，我不想繼續前行了，我要返回艾塔斯卡湖。」相反，它這樣說：「謝謝，姐妹城，感謝你們給予我的每一次幫助。」

如果你沿著明尼亞波利斯和聖保羅向下走幾公里，你會看到奇蹟。你會發現密西西比河是如何對待這些挫折、詆毀和毒害的。它用大自然的一些方法將它們淨化，使它們成為自己的一部分。密西西比變得更強大，繼續向南方挺進。

Chapter1　成長與挫折為伴

堅定信念，繼續南行

　　啊，密西西比，我發現了你成功的祕密。我發現了你是如何成為眾河之父的。因為你一直堅定信念，向南挺進。人類文明密謀著要戰勝你，芝加哥的排水汙染了你，一些小溪聯合起來企圖汙染你。這些紅泥、藍泥、棕泥都想汙染你，但你日復一日地接受它們，淨化它們，使它們成為你的一部分，你的力量與日俱增。

　　什麼都不能挫敗你、汙染你、轉移你的方向。人們在基奧卡克修了一座大壩要攔截你，但你提高了水位衝了過去，你的這種努力為他們提供了電能，點亮了村莊裡所有的電燈。

　　你讓我們看到，能量來自於頑強的抗爭。

　　一天，火車停在路易斯安那州密西西比河的附近，河上沒有橋，我們不得不把火車裝到船上渡過這條河。

　　這條高傲的河現在足有一英里寬，匆匆地奔向河灣，讓

人感到敬畏。我閉上眼睛，想像著這條來自明尼蘇達州的小溪一直奔向南方。

噢，眾河之父，你在為勝利而奔波！你贏得了偉大的勝利，你以寬廣的胸懷接納了所有的人。我知道這是為什麼。在明尼蘇達州你就選擇了正確的航道，學會了如何面對挫折這一課，在前往南方的道路上你從未停息。

我們必須選擇正確的方向，永不停息地奔向南方。數不清的河流和小溪受到我們的影響而加入我們。無論是誰都不能阻止我們前進。我們必須戰勝它們、面對它們，使它們成為我們的一部分，並讓我們變得更強大。

上帝的承諾就是去戰勝。世界上的萬事萬物都是戰勝者。沒有人願意成為逃避者！

我們每個人最初都想像密西西比河那樣，堅定信念，一路向南，不畏艱難險阻。但是在這坎坷的路上，我們之中有很多人停在了明尼蘇達州的森林裡，或是停在了姐妹城，或是停在了基奧卡克市，讓困難阻止了我們前行的腳步。

Chapter1　成長與挫折爲伴

Chapter 2
八十年磨一劍的
摩西

Chapter2　八十年磨一劍的摩西

　　一天，火車中途停車取水。鐵道邊有一家雜貨店，店前面擺著一排桶子，裡面裝滿了蘋果。

　　有一隻桶子裡的蘋果又大又紅，還很圓潤。上火車前我快步走了過去，匆忙中在那個桶子裡挑了挑，買了一大袋。

　　開車之後，我往袋子裡看了看，居然發現袋子裡的蘋果並不像之前看上去的那樣，又大又紅、形狀圓潤了。原來只有桶子最上面的一層是又大又紅還很圓潤的蘋果，一定是店主為了吸引顧客，故意把小顆的蘋果放到下層。總之，他賣給我一袋最差的蘋果。買東西的時候被騙，這樣的事平時我們聽得太多了。

　　漸漸地，我平靜下來，開始反思自己的想法。店主是故意的嗎？難道店主每天都要花費精力把大的蘋果挑出來放到上面，把小的放在下面來欺騙顧客嗎？你認為他會這樣做嗎？在你身邊有這樣的店主嗎？

　　哦，可憐的店主啊！我冤枉你了。我突然明白，其實店主並沒有故意把大的蘋果放在上面而把小的放在下面，因為根本沒有這個必要。所有的一切都歸因於那個桶子，它是晃來晃去的，沒有被固定。

　　記得小時候我的玩具盒裡曾有一些大小不一的石子，大塊的經常被晃動到上層，而小塊的則落到了下層。我還注意

到，當大小不一的東西放在一起的時候，大的往往會向上移動，而小的則向下面搖落。

在我的老家，有一位高速公路承包商，就是因為忽略了這一點而吃了大虧。他在與別人簽訂的合約中被要求用小石子鋪路，由於工期緊，他就把大石塊鋪在路面的底部，在上面蓋了一層小石子。結果在他向對方收錢的時候，大石塊已經全部竄到了路面的上層，由於施工沒有達到事先的要求，所以他一分錢也沒拿到。

你們明天也可以試一下，把大小不一的石塊放在一起，搖一搖，晃一晃，然後你就會發現大的石塊會跑到上面，而小的則落到了下面。

我以前曾經趕著那種底卸式的馬車將蘋果送到蘋果酒場，當時我並沒有把蘋果按大小分堆，只是隨意地把它們堆在車上，然後就上路了。你知道那是什麼樣的路嗎？木排路。就是將樹幹並排橫鋪於溼軟的地面上形成的路。就是在這樣的路上，馬車需要行駛四英里半。

你能夠想像行駛在木排路上的感覺吧？哦，那種顛簸簡直像詩歌一樣，美極了！馬車在一根根樹幹間顛簸著，車上的蘋果也跟著不停地起伏。

當我到達蘋果酒場時，顯然那些大而圓潤的蘋果竄到了

Chapter2　八十年磨一劍的摩西

上面,而那些小蘋果則堆在了下面。

　　表面看起來,那些大的蘋果運氣很好而那些小的則運氣很差。同樣的顛簸,是好運氣還是壞運氣取決於蘋果的大小;同樣的顛簸,小的蘋果被撞到了下面,大的則被擠到了上面。這不取決於撞擊的力度,而取決於被撞擊者的大小!

　　這裡正好有兩個蘋果,一大一小,它們緊挨著,可能是一對兄弟。它們受到了同樣的撞擊,小的那個運氣很差,被撞到了下面,而大的運氣卻很好,被擠到了上面。

　　噢,小蘋果啊,我真為你感到遺憾。但是,這是你自己的錯。你為什麼不長得大一點呢?你這個小不點兒,大叫著「我永遠沒有機會」、「人們從來都沒有正確地使用過我」,卻從來沒有想過自己應該長大點兒。試一試吧,去獲得更大的能力。很快,這曾經把你撞下去的壞運氣就會變成好運氣並把你擠上去。

一席之地

　　感謝我親愛的蘋果。其實，我們每個人都是生活這個大桶子裡的一個個蘋果，在去集市的路途中被顛簸著，而這條路就是木排路。每天我們都被搖晃著、碰撞著。所有的生命都遵循適者生存的規則。郵局、布道場、教室、商店、小賣鋪、辦公室，我們要顛簸著經過每一個地方。這告訴我們，無論是誰，若想擁有自己的一席之地，就必須具備相應的實力，否則便無法立足。沒有立足之地，人就會變得徬徨。

　　越是徬徨，就越是無助。久而久之，個人的生存空間也會越來越小。

　　如果有一天人們能夠憑藉努力使自己不斷強大起來，自然而然就能獲得越來越大的施展空間。這對每個人來說都是公平的。木桶裡的大蘋果、小蘋果、斑點蘋果、綠蘋果和乾蘋果，實際上折射出了我們全體人類的生存狀態。我們不應當做盲目命運的受害者，也不應當做僅靠機會生存的生物。

Chapter2　八十年磨一劍的摩西

在我們成長或拒絕成長之間,我們用雙手的力量去決定我們的命運。

有些人很幸運,出身貴族,又頗受大眾青睞,他們在名人堆裡展開自己的人生。還有一些人則出生在樹冠底部的樹枝上,根本沒有機會與高枝上的人相提並論。每當他們仰望那些頂部的樹枝時,常常會洩氣,然後說:「噢,我要是也有他那樣的機會就好了!要是我也生在那樣的高枝上就好了!那樣我也將有機會得到更多的東西。可是我長得太低了,得不到陽光的照射,更沒有好運眷顧。」

但是,別忘了,我們都會成長。我們雖然長得低,但可以長得很粗壯。

我們最終都會在同一個大桶子中,在通往未來的木排路上一起顛簸著。到那個時候,人們不會問:「你是在哪個樹枝上長大的?」更多人會問:「你個頭有多大?」

積極進取

　　環顧我們周圍,在每個群體、每個企業裡,我們都會發現這個生命之桶正在根據我們的「大小」挑選著我們。

　　很多女孩在同一個城市工作,有些人已經在那裡工作了兩年。其中有位年輕、青澀的荷蘭鄉村女孩,第一次在城市的辦公室裡工作。當然,她做的是最底層的工作。其他女孩都嘲笑她:「她也就配做這樣的工作!」她們是對的,她犯了很多錯誤,但同樣的錯誤她從未犯過第二回。每當她遇到挫折,都會汲取上次的教訓。對她來說,從來沒有「任務完成了」這一說法。每當她完成自己分內的工作後,總是要看看是否還有其他工作要做,然後就毫不遲疑地去做。其實那些工作並不是她必須要做的,她有著全世界都視若珍寶的主動品行。其他女孩總是在說:「任務完成了。」也就是說,她們在完成手中的工作後,會一直被動地等待下一份工作的分配。

Chapter2　八十年磨一劍的摩西

　　她們的腦筋一定是生鏽了。有時我真的認為「傻瓜」比「笨蛋」更糟糕。

　　我們再來看看那個荷蘭女孩。在這三個月裡，當辦公室的其他女孩都在忙著議論這個荷蘭女孩的時候，她所了解到的企業知識比別人用兩年時間學來的都要多。也就是說，她成長得比其他人更快。那麼剩下的事情就交給生命之桶了。在這個大桶子裡，她在顛簸的過程中憑藉自己的實力被搖晃到其他女孩的上面。如今，其他人不得不聽從這個小女孩的命令，因為她已經是這家公司的主管了。

　　其他女孩因此感覺受到了傷害，她們會告訴你：「這世界沒什麼公平可言了，珍妮本應該得到這個主管職位的，她已經在這裡工作兩年了。」可是你知道嗎？珍妮沒有這位荷蘭小姐成長得快！

不思進取

　　前幾天，在一家造紙廠裡，我站在一個長長的製造閃光紙的機器旁邊。

　　我問了那裡一位正在工作的員工一些關於機器的問題，他回答得非常好。然後我又問了他一些與隔壁房間裡的機器相關的問題。他回答說：「老闆，我不在那裡工作，對此我一無所知。」我又問了他有關另一臺機器的問題，他給了我同樣的答案。當我問到有關另外一家造紙廠的問題時，他的回答依然是：「老闆，我不在那裡工作，我不知道。」

　　「你在這裡工作多久了？」「大約十二年。」

　　走出這幢樓，我問他的上司：「兄弟，你看到那個站在造紙機旁邊的工人了嗎？他是人類嗎？他是怎麼回事？」這位上司的臉立即陰沉下來：「我實在是不願意提起這個人，他是這個工廠裡心腸最好的工人之一，我真不想告訴他即將要對他作出的決定。他不去學習，也不嘗試去學習，好像也不關

Chapter2　八十年磨一劍的摩西

心是否應該學習,我們真害怕他會把機器弄壞。我們必須讓他走,不能再讓他在這裡工作了。」

這都是因為他已經開始原地踏步了,「逆水行舟,不進則退」,停滯不前終將被社會所淘汰。

現在我們的生活大都是一成不變的。你、我還有每個人都必須重複地去做很多相同的事情。我們每天都有大致相同的職責。但是,如果我們繼續在同一個地方以同樣的方式去做相同的事情,而沒有任何提升,我們很快就會枯萎,最終被淘汰。

我們必須不斷學習、不斷成長,來確保我們已有的位置。農民每年都必須以一種新的觀點來耕種,否則他們就無法保住自己作為農民的位置。同樣的,商家必須學習以新的方式來進行銷售;母親必須用更寬闊的視野來處理家務;傳教士必須獲得新的思想,否則他就不能再待在他的布道壇。

因此,我們必須不斷地成長以保證不會被淘汰。任何人年復一年地待在同一個地方,都是會有疲勞感的。像密西西比一樣,我們不會停止向南前行。孩子們,當你們從大學畢業,千萬不要感覺你已經完成學業了,否則你將會被淘汰。

當我聽到有人說:「我不用你告訴我這告訴我那的,我什麼都懂。」這時我知道他離被淘汰不遠了。當我聽到有人說:「我有了自己的工作,公司可是離不開我的。」可憐的傢伙!我知道這樣的人也馬上會被淘汰了。

我們必須不斷地成長,否則等待我們的就是被淘汰!

Chapter2　八十年磨一劍的摩西

累積實力

我們年輕人慢慢長大,逐漸有了自己的生活,他們渴望得到廣闊的天地。如果一個年輕人不渴望擁有廣闊的天地,我是不會給他機會的;如果一個年輕人沒有雄心壯志,我也是不會給他機會的。

獲得廣闊天地的唯一方式就是去爭取它、追求它、得到它!有些時候你可能會在追求的過程中覺得疲憊不堪,無法繼續前行。這時候就應該讓「他人推薦」發揮作用了,它能給你些許前進的動力。只要我們堅定信念,就一定能夠有所成就;而一旦信念動搖,我們就會猶豫不決,自我懷疑,最終一無所成。

成功之路並不是想當然就能到達目的地的,正如男孩子並不是穿上了爸爸的皮靴就會成為男子漢一樣。他在爸爸的皮靴裡是站不穩的。在他能真正穿上這雙皮靴之前,必須先讓自己的腳長大。所以努力先讓自己長大吧!

累積實力

　　我們只有充實自己，使自己具備了成功的實力之後，才能走在通往成功的大路上！隨著我們的實力不斷增強，我們也會不斷提升自己的位置。就像桶子裡的蘋果，只要你是大蘋果，一定會在顛簸之中越來越往上靠。位置的高低就說明了我們實力的大小。在談到「他人推薦」時，請小心了！推薦越多就意味著實力越欠缺。他人推薦只能是一種輔助力量，主要還是要靠自己。實力稍有欠缺的人通常希望自己能夠透過他人推薦的方式走走捷徑，使他們能更容易地擁有廣闊的天地，並且在激烈的競爭中戰勝自己的對手。當他們僅憑推薦而戰勝別人的時候，推薦他們的人可能會欣慰地說：「推薦對他還是有好處的。」其實這樣很危險。你幫助他爬得越高，他就會摔得越狠，甚至可能折斷他的脖子，要了他的命。到那時推薦人就成了凶手。

　　不，孩子們，當你們來到生活中的時候，不用太擔心自己所在的位置，只需為你現在的位置做好準備。然後，隨著你準備得越來越充分，一切也就水到渠成了。你要在心中對自己將要做的事情瞭如指掌，然後你就一直努力吧。在你的耳邊會有個聲音不停地說：「奔向南方！」於是你奔向南方！當你走上這條路，在遇到第一個漩渦的時候，別猶豫！別膽怯！跳進去！經歷了這些艱險之後，你必將獲益良多。

Chapter2　八十年磨一劍的摩西

　　這並不意味著你會有很強大的感覺,而是意味著你在工作中要付出更多、了解更多,不管他們給不給報酬。之後你會發現,吞噬著你的漩渦反而讓你的實力與日俱增。在生活這個大桶子中,你的位置也會越來越高。

　　不要擔心你的薪水,一切要順其自然。沒有人總是會拿高薪,也沒有人總是保持低薪。

　　我們薪水的多少要看工作如何,而不是看信封大小。我們有多成功就有多快樂!

功到自然成

當人們抱怨「我不受重用,沒人給我機會」的時候,為什麼不回顧一下他們是如何度過那些逝去的日子的。

以前,我總是帶著晚餐路過比爾巴洛銀行。我在銀行那個一天只有一點一五美元薪資的部門工作。我在那裡混著日子。上班的時候總是盯著牆上的時鐘,盼著早點下班。每每下班鈴聲一響,我就放下手中的一切,不管手中的活有沒有做完,都會健步如飛地離開自己的辦公室。我仰望著這家大銀行,看著那些紅木家具,憤憤不平地抱怨著:「我本應該擁有這家銀行,因為我天生聰慧,可是現在我這樣一個有才氣的青年卻如此落魄!不公平!我若是出身富豪,肯定也可以經營這家銀行。」

你有沒有聽過類似的抱怨?有這樣抱怨的人總是會在他的位置上混著日子,從不積極進取,反而總是怨天尤人。

我並不是說銀行工作就會比手推車工作更好,但是當我

Chapter2　八十年磨一劍的摩西

喪失了信心的時候，我就會猶豫不決，萎靡不振。回首過去，我慶幸自己沒有擁有這家銀行。假設我實現了自己愚蠢的夢想，就像童話書裡喜歡講述的一個莊稼漢被施了魔法變成了國王之類的故事。假設他們已經把我變成這家銀行的總裁，那我的位置一定是搖搖欲墜的。這樣的位置對我來說是坐不穩的，我肯定會摔下來，然後又重新變成渺小的人。

回首我這一生，我很慶幸在自己年輕的時候沒有得到那些夢寐以求的東西，那些都是水中月、霧中花，是曾經燙傷我的那個「咖啡壺」！感謝上帝！在我們有能力操縱那個咖啡壺之前絕對不要去碰它。

那些喜歡劃分等級，想要把桶子上下顛倒，以便使那些底層的人得到一個機會的人們，應該坐下來靜靜地思考這個問題了。底層那些尺寸小的人們只要願意成長也是會有機會的。來回顛倒大桶子自然會將小的晃到上面而將大的擠到底部，但是別忘了，桶子是不會停止搖晃的！

這樣做的結果可能還會導致一場巨大的社會動盪，結果會像之前一樣，桶子會重新把小的跌到下面，而把大的晃到上面。

國會法案是不可能讓所有蘋果大小一樣的。如果你想修復木桶，省省吧！那還不如修補桶子裡的人們，告訴他們如

何才能變得更強大，如何增強自己的實力，這才是「上去」的唯一辦法。

今天的你和我或許已經得到了昨天無法擁有的一切。想想昨天我們是多麼希望能夠擁有它們啊！但是，殘酷的命運不讓我們擁有這些。今天，我們卻很自然地擁有了它們，那是因為我們已經做好了準備，於是這個「桶子」把它們帶到了我們身邊，一切都水到渠成。

今天的你和曾經的我一樣，夢想著擁有現在無法擁有的一切，迫切的心情難以言表。但是，殘酷的命運不會讓我們馬上擁有這些。

所謂「殘酷的命運」其實就是我們「不夠大」，實力不夠。如果我們能夠長得更「大」，具備了相應的實力，我們就會得到它們。我們只能擁有我們今天能夠擁有的全部，多了反而會將我們毀滅。

只要我們足夠強大，就沒有什麼能阻止我們去實現自己的夢想。

Chapter2　八十年磨一劍的摩西

八十年磨一劍的摩西

生命是準備，而不是追求。

你見過那些苦苦追求的人們嗎？到最後，他們都會哀號：「它們打倒了我！」我們不需要追求。我們只需要時刻準備著，盡快做好準備，當屬於你的東西來臨的時候，它們會對我們說：「我們在這裡，請接受我們。」

偉大的事情都不是一夜之間促成的，它們都是在人們做好充分準備之後到來的。

摩西直到八十歲時才開始了他真正的工作，他用了八十年為之後四十年的工作做準備，八十年的準備造就了摩西。

耶穌用三十年的時間為三年的工作做準備，三十年的準備成就了耶穌。

那麼現在，你們覺得自己應該準備多長時間呢？長出一顆南瓜還得花上一個夏天呢！如果等不了那麼久，那麼就只能振作起來長成矮小的蘑菇了，蘑菇在一天之內就能長成。

八十年磨一劍的摩西

如果總是這麼著急，你是無法成長為參天大樹的。不成長，也就意味著無法生存！

摩西的故事刺激了我。我在蘆葦草裡看到了希伯來的小寶貝摩西。我看到法老的女兒也來到這些蘆葦草裡。「噢，這是摩西，我的小親親，快把他抱進我的豪華轎車裡！」我看到他們把小摩西從蘆葦草裡抱出來放進了小轎車。他們為摩西塗上香料「洗禮」，餵他美味的食物，給他穿可愛的小衣服。嗯，嗯，摩西，你看起來太漂亮了！你就是為這樣的生活而生的。你現在不需要做任何事情，只需要每天戴上手錶圍著宮殿走走，看看相簿，抽點印有你名字字首字母的香菸！多麼美妙悠閒的生活啊！

如果摩西曾留在那個宮殿，他後來就應該是一個既漂亮又豐滿的木乃伊。摩西本應是在Q區右數第三十九排的第十七個木乃伊。摩西及時脫下了禮服。他不停地往南走。他離開了騷亂不羈的宮殿。他走進了沙漠，來到了挫折大學，接受艱難困苦的洗禮。經過八十年的努力，他使自己擺脫了吝嗇、自私和謀殺，這才使他能夠指引兒童穿過以色列的荒野。這位偉大的立法者不得不穿越紅海到達西奈，並在到達尼波山之前年復一年地奮鬥。

Chapter2　八十年磨一劍的摩西

起步階段

　　我們之中大多數人都會在困惑中死去。我們贏得了一些讀者,也算小有成就。這種成功其實是不值一提的,但是身邊的朋友卻蜂擁而至祝賀我們。他們說我們已經到達了勝利的終點,而我們相信了他們!

　　還沒離開明尼蘇達的叢林呢,我們居然就認為自己已經抵達了墨西哥灣。我們停止了繼續向南前進的腳步,這個世界充滿了木乃伊的吱吱聲:「我是成功者。你們沒看到我這個成功者嗎?你們為什麼不為我歡呼呢?這裡有關於我的新聞評論,我是成功者!」

　　成功是如此讓人難受,與一次成功相比我們更能忍受十次失敗。保護自己,不受敵人的傷害是一件比較容易的事。但上天卻讓我們從愚蠢的朋友那裡拯救自己!

　　一般而言,一個人如果說自己是一個成功者,那他就沒有成功。一個成功者會告訴你他希望明天也能夠獲得成功。

滿足於眼前的成績就是患了昏睡病。世界上有兩種類型的人，聰明人和傻瓜。聰明人和傻瓜的區別就是傻瓜認為自己已經畢業，不用繼續深造了，進而就被淘汰了！

　　有一天，我在一家音樂商店裡看到了新款愛迪生留聲機。記得早在一八七〇年代，當我還是一個男孩的時候，我看到的第一個留聲機像錫箔大圓筒[02]一樣在吱吱地響，而且很不流暢。今天你絕不會想用它在機器房裡為你的福特汽車演奏一曲。但是，這個世界說：「太好了！太好了！愛迪生先生成功了！」每個人都認為愛迪生成功了。他的名字就是湯瑪斯・愛迪生（Thomas Edison）。在他向南前行的路上並沒有到達聖保羅，但他沒有停滯不前，而是在成功的路上繼續前行。他夜以繼日地工作，做了數以千計的實驗。今天，在他已經成為世界上最偉大的發明家之一的時候，如果我們能夠把他帶到這裡，並問他：「猛龍公園的鬼才，你有沒有成功？」我相信他會說：「我的朋友們，我才剛剛開始做我想做的事情，我今天所做的一切只是把我推到了更高的地方，讓我看到明天還有更多的事情需要去做。」

　　每位經驗豐富的老者（如果他是在生活，而不只是生存）都是準備得最充分的人，並且他會說：「我才剛開始學習。」

---

[02] 錫箔大圓筒，指留聲機圓筒，是最早的錄音及放音產品，原理是用錫箔包裹一個金屬圓筒，用曲柄螺絲手動操控，在留聲機上記錄及播放清晰的聲音。

Chapter2　八十年磨一劍的摩西

　　在生命中你走得越遠，你就會越欣賞牛頓曾經說過的話：「我不過像是一個在海邊玩耍的孩子，不時為發現比尋常更為美麗的一塊卵石或一片貝殼而沾沾自喜，而對於展現在我面前的浩瀚的真理海洋，卻全然沒有發現。」

　　沒有什麼事情是完美的，它一直處於演變的過程中。而成功的人也只是在永不停息地工作。

埋葬自己

摩西為了他的工作準備了足足八十年。他的工作也等了他八十年。在這八十年裡以色列的子民一直盼望著有一個摩西式的人物出現,但摩西那時還不夠偉大。

你和我都沒有必要去尋找工作。因為工作已經為我們準備好了,一直在等著我們,等我們有能力去勝任。每個人都會有自己的工作,但很少有人能堅持不懈。

如果摩西在七十九歲時就退休了,那我們永遠都不會認識他。我能說的就是,希望我們能夠好好地把握今天。你和我都只是上帝的孩子,學習著如何生活。讓年輕的男女相信他們的人生才剛剛開始很容易,但要讓我們這些年長的男女也相信這一點就困難多了。

當我們兩鬢漸白,頭髮還時不時地脫落時,我們會說:「我老了。」而我們就真的變老了,越來越老。這是自我暗示的結果,我們會變得與想像中的一樣老。年齡不再與新生有

Chapter2　八十年磨一劍的摩西

關,而是分分秒秒都在逝去。

於是我們又叉起雙手不再工作,對自己說:「我已經度過了最好的時光。」然後剩下的日子,我們只是在推遲自己的葬禮。

實際上,每當我們說「我的工作完成了」的時候,就相當於殯儀館的工作人員也為你做好了準備。

摩西生活在一個嘈雜的「青年人時代」,八十歲時他第一次登上了報紙。當他自命為以色列首領後,他的時間好像突然都變成借來的了。

我看到摩西的朋友圍在一起侮辱摩西:「摩西!摩西!我們沒聽錯吧?你要帶領以色列人走向樂土?為什麼?摩西,你是一位老人。你現在的每一分鐘都很危險!給你一雙拖鞋,別待在這裡,休息去吧。老人做不了這個。」

我聽到摩西說:「不!不!我才剛剛開始。你們就等著看吧,我的機會已經來了。以色列的人民,出發吧!」

八旬的摩西開始在荒野中快速地前行,連亞倫(Aron)都很難跟上。摩西在八十五歲時,比以往更加繁忙,更加富有熱情。人們很驚訝:「摩西還沒有死嗎?」他們回答:「沒有。」「他為什麼還沒死?他早就應該死了。」

他們任命了一個委員會來埋葬摩西。在美國,如果沒有

埋葬自己

委員會,你就什麼事情也做不了。委員會安排下星期四舉行葬禮,並發出了請柬。然後委員會拜訪了摩西,拜訪是每個委員都要做的事情。

委員們來到了摩西的私人辦公室,摩西很忙,他們必須排隊等待。當他們來到摩西的桌前,摩西說:「孩子,什麼事情,盡快說,我非常忙。」

委員們哭了:「摩西先生,你為什麼不聽我們的呢?你已經八十五歲了,應該安息了。我們委員會正式被授權為你安排一個華麗的葬禮,葬禮將於下星期四舉行。請安息吧!」

摩西想了想:「下週?孩子,下星期四沒有時間。我參加不了!」

他們不能埋葬摩西,因為他自己不能出席,他們無法埋葬一個因為太忙而不能出席自己葬禮的人。沒有經過同意,他們也不能埋葬任何人。這是不禮貌的!

委員們倍感羞辱。葬禮的請柬已經發出去了,而摩西卻不出席!有人見過這樣怪異、這樣不識抬舉的人嗎?

委員們等待著。這也是他們的工作!

摩西到八十六歲時,還是比以前更忙。委員們問:「摩西,下星期四你能參加葬禮嗎?」摩西說:「不,孩子,我非常忙,甚至都沒有時間考慮生病。你們必須等。」

Chapter2　八十年磨一劍的摩西

委員們只好繼續等。等到摩西九十歲時，他一個人正做著需要十個人才能完成的工作，朋友們都說他是在自討苦吃。他讓委員會等著。

一直到他九十五歲、一百歲。委員們都相繼去世了！

摩西仍舊高喊：「前進！告訴孩子們讓他們繼續奮鬥。」到了一百一十歲、一百二十歲，他的眼神沒有黯淡，仍舊充滿活力。

委員們都已經死光了，只有上帝來埋葬他了！

噢，朋友，這不是不敬。這是快樂的敬仰，是摩西傳達給你們的我的信息。我們熱情地忙於工作，能夠看到還有很多未完成的工作，我們有時還會愚弄委員會，但是上帝最終也會埋葬我們。

偉大的祕訣

　　不要錯誤地認為擁有尖端武器就意味著擁有了世俗的榮譽；不要以為擁有手段就會得到物質財富；不要以為只有少數人能夠成為偉人，每個人都有權利和能力成為偉人。

　　想想那些曾經被人們取笑的偉大作者，其實他們才是最重要的基石。現在看來，我找到了問題的答案。

　　耶穌有幾個弟子，他們都想成為偉人。詹姆斯想成為國務卿的祕書，約翰想成為郵政部的經理或者擁有類似的職位。他們為了追求成功而整天忙碌著，卻忘了為成功的到來做好準備。他們要求母親支持他們，並且來到上帝的面前說：「上帝啊，我們希望能為您效勞，成為您的左右手。看！家人都支持我們！」

　　上帝說：「孩子們，你們太天真了！」他繼續說，法國國王詹姆斯曾經說過：「你能像我一樣喝酒，像我一樣接受洗禮嗎？」「無論你們當中誰成為了部長或者首領，你們能夠領導

Chapter2　八十年磨一劍的摩西

我們嗎?」這意味著,他們並沒有做好準備。

你相信嗎?你能否真正擁有幸福、成功、偉大和高貴的生活取決於你是否能夠接受智者的忠告。

兩千年來,人們拒絕著智者。人們瘋狂地想得到榮譽,但最終得到的都是虛榮!

偉大不是得到,而是給予。偉大不是指所肩負的重任,而是承受壓力的能力。偉大是無私的奉獻。

如何變得偉大

寡婦把她的兩個孩子送去政府部門工作，主管說還有一個更有錢的人同樣送來了他的孩子，這個可憐的寡婦使出了全部的力量，傾其一生所有，我想沒人能比她付出的更多。這位寡婦很偉大。

我們每個人或多或少都有各自的天賦，可能是廚藝天賦，可能是工藝天賦，還可能是政治天賦。這都是我們能夠做到的，與我們的工作無關。我們運用自己的天賦，全心全意地用雙手去工作，我們就會成為最偉大的人。沒有什麼比讓我們做自己喜歡做的事情更有成就感、更高興和更感榮耀的了。不必擔心有的事情我們無法完成，只需盡心做好自己能做的事情。控制這件事或者服務這件事，結果都是一樣的。我敬仰那些有所作為的人。可是我不知道這裡誰能勝任，也不知道會有誰來勝任。但我知道能夠勝任的人會用熱情和忠誠來完成工作。

Chapter2　八十年磨一劍的摩西

　　你會覺得當我在談論誰會成為偉人時，我是在輕蔑小人物，但是你要看到那些小人物都是不願意奉獻的人。上帝會祝福那些能夠戰勝自我、克服困難的人，而不會祝福那些遊手好閒、逃避責任和自私自利的人。

　　人們常說有些人是金子，有些人是銀子，但是我們大多數人都是銅。然而當我們透過無私付出得到應有的一切後，我們就會變成金子。自私只能使每一份工作都變得枯燥，我們只有全心全意地付出，工作才會變得偉大和光榮。

奉獻的快樂

　　你曾經失落過嗎？我有過。我曾經悶悶不樂，甚至想去死。如果我不是個膽小鬼的話，恐怕我已經死了好多次了！我的生活是那樣失敗，連我自己都無法接受。除了我，大家似乎可以接受任何人。

　　如今，我唱著歌走過相同的街道。我做得如此之好，人們很驚訝。

　　以前我經歷了許許多多的坎坷。我試圖讓自己變得自私，想以此來打倒所有人，但我最終得到的只有坎坷和滾燙的「咖啡壺」。只有從我轉過身試著奉獻自己的那一刻開始，我才體會到真正的快樂。

　　讓自己偉大一些，煩惱就會變小一些！你不滿意你的工作？這說明你正在自私地工作，必然會遇到種種阻力來提醒你：你正在退步。你必須明白，真正的偉大是付出而不是索取。你也必須明白，為人民服務就是在為上帝服務。

Chapter2　八十年磨一劍的摩西

只有一種職責

　　整個問題的結論就像年輕的耶穌在天堂裡所說的那樣：世界上只有一種職責，那就是「父親的職責」，這是一種幸福的職責；讓人們看到天國的職責；傾聽我們祈禱「你的旨意行在地上，如同行在天上」的職責。

　　我們要付出的不是金錢，而是快樂。我們幫助別人，別人得到了快樂，同時我們自己也感到很愉快。

　　開一家雜貨店，在學校教學，經營一個家庭，管理一家銀行、一個農場或工廠，做著我們擅長的工作，盡著自己的職責。

　　一個人越是想拯救自己的生活，反而會越快地失去它，但如果將自己的生活投入到無私的為他人服務中，他的生命將會變得偉大，充滿榮耀和幸福。

　　如果你想變得偉大，不必去芝加哥、紐約或世界上的其他地方，只需要回到你的廚房裡，或是返回你的商店或辦公

室,簡單投入地工作,服務別人,以新的熱忱為你原來習以為常的工作帶來活力。不久,你就會發現你有著無窮的力量。人們紛紛祝福你,你的周圍充滿善意的理解與和平。

我們從學校裡獲得了人生中所有美好的東西。智慧、理解、幸福、男人的成熟、女性的溫柔。獲得這些就是獲得了良好的教育,其他的一切都是通向這一目標的階梯。

Chapter2　八十年磨一劍的摩西

尋找偉大的人

　　如果讓我做一本社會名人冊，我不會先去看那些名人秀或者去翻名人錄。我會去最前線，去壓力最大的地方。

　　我曾經去過伊利諾州一個小城鎮的礦井，當時是委員會派我去那裡做一個演講。我不知道礦井裡戴著頭盔滿臉灰塵的工人和這個講座有什麼關係，但我知道所有的票都已售出。負責這件事的人是主日學校的一名主管，這個男人是鎮上最有用、最無私、最偉大的人，他是每次公益活動的核心，無私地為大家夜以繼日地工作。

　　芝加哥有一位偉大的人物每個星期日都會給數千人講道。他撰寫書籍，創辦學院。他是眾多活動的領袖，他的名字每天都會出現在報紙上，在芝加哥每個做好事的委員會的公報中，你都會讀到關於他的報導。

　　去年夏天他離開芝加哥開始了一場旅行。許多人認為休假意味著到另一個地方隱居起來，慢慢地被人們遺忘。但

是,這個芝加哥的偉人從一個城市講到了另一個城市,而且還東奔西跑地講道。他研究當地歷史,甚至比當地人知道的還要多。每隔半小時他都會向人們宣傳:「這裡有布道會。」在每個城鎮,他都會仔細地觀察人們工作,挖掘有不同造詣的人,然後拜訪他們。他到過的每個城鎮都變得不同尋常,他把枯燥的旅途變成了通往仙境的地圖。他責罵懶惰的城鎮,讚揚勤奮的城鎮。他勸說遊蕩在街上的人:「你想做什麼事情?」也許年輕人會回答說他沒有機會。「你到芝加哥,我給你一個機會。」

因此,這名芝加哥男人每天都很忙。他忙著關心他人,每天都在想著如何為他人帶來利益,卻從來沒有想過這樣做會得到什麼回報。

許多朋友都很擔心他。他們說:「為什麼不為自己想想?總是在幫助別人,直到耗盡全部精力,無法再為自己做事。」

但事,越是刻意地為自己的生活去奮鬥,越容易失敗,只有無私奉獻才能真正為自己帶來幸福。這位芝加哥男子的祈禱沒能讓他變得偉大;他的大學經歷也沒有讓他變得偉大;他出版的著作也沒有讓他變得偉大,而幫助他人卻使他的一切都變得偉大。

Chapter2　八十年磨一劍的摩西

　　這位芝加哥男子把他的全部人生都奉獻給他人，他將自己變成蠟燭，燃燒自己，照亮別人。如果讓他停下「照顧自己」，他的事業就會終止。如果他已經開始過著所謂的自己的生活，尋求榮譽，規畫著自己的每一分錢，並把它們提前寫進合約，那麼他的收穫又會有多少呢？

　　岡索勒斯[03]經常這樣說：「你總是這樣告訴自己：等我有了成就，以後就有能力做更偉大的事情了。你錯了。你現在就應該去做，而不是在你說過無數個『以後』之後。你現在就要去奉獻，這個世界也需要你的奉獻。」

---

[03]　岡索勒斯（西元 1856～1921 年），美國著名教育家、神學家、牧師、人文學家。伊利諾斯技術學院的創辦人之一，並曾任該學院校長。

Chapter3
從生活中畢業

Chapter3　從生活中畢業

　　美國東部有一座小鎮。那裡並不漂亮，就是一個巨大而骯髒的工廠，周圍環繞著一棟棟簡陋的小房子。

　　那裡的人們就住在那些簡陋的小房子裡，每週要工作六天，當然，工作地點是在那個骯髒的大工廠裡。因為星期日工廠不生產，所以他們可以在這一天休息。而他們週日的消遣就是去工廠的教堂做禮拜。每次講道結束後都有一個聚集眾人的班級會，通常在進行到一半的時候牧師就會說道：「現在我們來改變一下形式。」這句話的意思就是，如果你有信仰，那麼就請站起來，並大聲說出來。每次第一個站起來的都是一個坐在前排的小老頭。

　　如果你以前從未見過他，我想你一定會忍俊不禁的。這個小老頭佝僂著身子，鶴骨雞膚，肩膀歪斜，倒三角的腦袋還頂著個光頭。

　　他總是會搶先站起來說：「兄弟姐妹們，我像你們一樣從沒讀過書。」就這樣周而復始，不厭其煩。每個星期日他都首先向眾人爆料這個消息，然後才開始講他精彩的故事。

　　他就是擁有那個大工廠的人，一個白手起家的廠主。他所稱的兄弟姐妹就是每週為他工作六天的人們。他從沒上過學，卻對書籍有著一種偶像般的崇拜。

格西的教育

他有一個健康的小兒子，名叫 F·古斯塔夫斯·阿道弗斯，小名格西。他常常說：我一定要用我所有的錢給兒子最好的教育。他覺得教育可以像買東西一樣買來，他可以買最好的教育給小格西，所以他從小格西剛剛能坐著，能記事起就開始對他進行「培養」。他帶著格西拜訪了占星家、預言家以及附近所有能找到的「相關專家」，對格西進行剖析和告誡。當格西足夠成熟時，他把格西送到了美國最好的一所大學。可是格西後來的失敗既不是大學的錯，也不是聰明可愛的格西的錯，而是那位老父親的錯。是盲目的溺愛剝奪了孩子生來就有的權利。

這種權利是什麼呢？那就是變得偉大的機會。那麼我們又如何才能變得偉大呢？實踐！答案就是實踐！只有這種教育才能讓我們成為傑出的人物。

但是格西卻沒能獲得這個實踐的機會。他已經習慣了衣

Chapter3　從生活中畢業

來伸手、飯來張口的生活。上大學也像掌舵一樣，只需發號施令，便有人服務到位。還記得在那個小鎮的日子嗎？當格西收到大學錄取通知書時，當他遇到輝煌的人生機遇時，他便被告知已萬事大吉，不需要再費心做什麼了。他的教育已經被提前安排妥當，不費吹灰之力就可以得到。因為已經有一排教授在爭先恐後地等著給他學位。

只要這位「舵手先生」從那個給他操辦好一切的小鎮來到學校，每個教授為他「指點」一二，他再象徵性地在各系之間跑一跑，就可以完成學業，獲得學位了。

在此期間他們對格西進行了包裝。格西僱用了一個人為他完成學業，這個人努力地穿梭於各系之間。他們全力以赴地對格西進行了表面上的裝飾、加工、修理、美化，然後晾乾成最後的成品。

現在，格西看起來是一件傑作！

三次停工

　　終於有一天，格西帶著他「一車廂」的教育回來了。

　　在那個週末，工廠正好宣布停產——有史以來的第一次。工人們紛紛湧向火車站，這時他們遇到了學成歸來的格西，工人們歡呼道：「快看啊，我們的救世主來了！」

　　幾年後，工廠再次倒閉。辦公室的門上掛上了黑縐紗，男人女人們都站在街邊掩面而泣。工廠之父，那個小老頭，永遠離他們而去了。當工廠再次復工時，格西已經子承父業，坐上了工廠的第一把交椅——他的老父親曾經坐過的地方。

　　他坐在這個責任重大的位置上，面臨著社會的考驗，心裡卻慌亂起來，因為他根本就沒有任何實力。

　　徒有其表的他怎麼能擔當得起如此重任？即便是他擁有這個位置也無濟於事。

Chapter3　從生活中畢業

　　於是在兩年又七個月後，工廠在他的手裡徹底崩潰，而他曾經擁有所有他的老父親沒能擁有的機會。

　　在工廠第三次關門大吉後，因為資產所剩無幾，似乎沒有什麼起死回生的可能了。但是，奇蹟無處不在，新任老闆又把它救了回來。

　　他叫比爾·懷克姆，是個孤兒，他沒有像格西那樣的機會。他黑亮的眼睛透著智慧的光芒，似乎已經完成了我們每天所要接受的教育。但是他僅僅是從社會競爭中成長而來的，只不過在每一次競爭中，比爾都會從中汲取經驗。所謂物競天擇，適者生存，他逐漸從社會的篩選中脫穎而出。比爾變成了對這個社會最有用的人，也是最有能力的人。人們不再在意比爾寒酸的出身。他們開始指望他運籌帷幄，掌控大局。帶著這神賜的才華，比爾站在了巔峰。

　　所以當法庭尋找合適的人來接手這座廢棄老舊的工廠時，比爾當仁不讓地承擔起這個光榮的使命。他將這個支離破碎的工廠重新拼裝，使它又重新運轉起來，於是這個飢餓小鎮上的工人們又重新獲得了工作機會。

從生活中畢業

　　我舉這個例子並不是為了反對書本或是大學教育。我不是想要攻擊它們,而是為了保護它們。書本和大學在那些所謂的「莘莘學子」的手中忍受著,任他們對它們叫囂:「給我們教育。」他們如此輕率,就好像那些未經思考就聲稱「學校把格西培養成了一個傻子」的人一樣。

　　你不可能光憑一本書或一所學校就可以獲得教育。你只是獲得了一種工具,或許可以說是世界上最好的工具。當你們獲得這些工具後,就要踏入社會並完成真正的教育。

　　每個地方都有從生活中畢業的人,他們沒有那些從書本裡學來的理論知識,卻也創造出了成功的生活。他們使用了自己從生活經驗中得來的簡單方法。但是每當他們想要有更進一步的發展的時候,就會覺得缺少了前期的準備和更有效率的知識與技能。所以他們總是會對年輕人說:「因為缺少了

Chapter3　從生活中畢業

嚴格意義上的學習,我的一生都是不健全的。千萬不要和我犯同樣的錯誤,一定要去上學。」

　　這些人就像分布在各個地方的電子天才一樣,用最原始的儀器做了很多了不起的事,但是設想一下,如果他們使用先進儀器的話,效率會提高多少啊!

美國悲劇

　　格西和比爾的故事仍在其他地方不斷上演著,而這些故事的結局往往都充滿了失敗、眼淚和傷痛。這是美國文化的悲劇。

　　每個地方都有這樣的父母,他們會說:「我們生活的年代沒有太多的機會,所以如果可能的話,我們會讓孩子得到任何我們能給的機會。」

　　所以他們長時間不辭辛苦地勞作、累積。他們獲得了大塊的農田、漂亮的房子、數目可觀的存款。這都不是為了他們自己,而是為了孩子。這本無可非議,如果你願意,你可以把你所擁有的都給他們,為他們營造最顯赫的地位。但前提是,你得確保你的孩子能夠在這個位置上得心應手。否則,他們在毫無準備的情況下要承擔這麼大的人生考驗,就很可能會搞砸一切。然後,孩子作為一個無助的受害者,會因他造成的損失而受到指責。就像格西一樣,因為搞垮了他

Chapter3　從生活中畢業

父親的工廠而備受指責。你給他一個位置,卻沒能培養他勝任的能力,就好像剝奪了孩子生來的權利。不幸的是,全世界十分之七的父母都在這樣做。曾經有一個男人在聽完我講格西和比爾的故事後,憤然從聽眾中走出來說,他很高興他的兒子沒有來聽我的演講。他不會讓他的兒子聽到這樣的東西。但是現在,那個善良卻糊塗的父親正因為那個被他寵壞的兒子所做的事羞愧地低下了頭。

可憐的哈里・索恩,不僅在報紙的頭版頭條上出醜,而且還是牧師講道時典型的青年墮落的例證。他的行為令人震驚,但是他從來沒能擁有一個成為真正的男人的機會。大概沒有幾個孩子能像喪失了其本性的哈里一樣,被如此殘忍地剝奪了成長的權利。在賓夕法尼亞州的歷史中,沒有幾個像哈里的父親那樣的商業巨頭。他甚至可以建立一個煤炭帝國,能夠操控一支軍隊的人力,卻偏偏無視適者生存的現實。

並不是無知致使他們犯這樣的錯誤,而是不到位的教育,財富和世俗的觀念。

真正威脅美國的並不是膨脹的財富,而是繼承者們越來越萎縮的靈魂。這個國家還能傲立多久,完全取決於它培養了多少個格西——沒有自我,一無是處的人。

美國悲劇

你應該注意到，沒有幾個偉大的人是在如此強大的家庭背景下成長的。

孩子們，一定要盡早掌握這一法則。

上帝保佑你們！你們擁有幸福的家庭、父母的疼愛，他們還會滿足你們所有的要求。我想知道你們是否已經開始這樣想：「我什麼都不用做，爸爸媽媽會照顧我，即使有一天他們不在我身邊了，我也會繼承他們所有的遺產，所以我的生活已經被安排好了。」

如果真的是這樣，我感到很遺憾，因為你們的一隻腳已經邁進了麻煩裡。你們即將踏入社會，面臨殘酷的社會考驗。

你們必須學習，因為沒有人能不勞而獲，也沒有人可以給你任何東西。父母只能寄希望於你們自己。父母可以把錢放進你的口袋，但是它們並不屬於你，直到你透過自己的努力賺得；父母可以把觀點放進你的腦袋裡，但是它們並不屬於你，直到你自己透過實踐證明它們；父母可以把食物放進你的嘴裡，但是如果你不消化掉，食物也依舊不屬於你。

你只知道你在那本經驗之書裡寫了什麼，當法庭令你宣誓作為證人時，它們可以被拿來當作證據。

你必須工作、奮鬥，為社會作出貢獻，必須努力克服困

Chapter3　從生活中畢業

難。這樣做不是為了得到一碗飯,如果僅僅是為了一碗飯,你大可以閒坐在街邊,救濟會就會把你帶走,並給你吃的。這樣做是為了獲得智慧、理解、快樂、男子氣概或是女子的氣質。

你會從奮鬥中獲得力量!你會從勝利中獲得生存!你會從奉獻中獲得快樂!你買不到健壯的臂膀,卻可以透過鍛鍊來獲得!你買不到偉大的思想,卻可以透過內在培養來獲得!你也買不到偉大的人格,卻可以透過道德上的約束來獲得。如果你戰勝了生命中的邪惡,那麼每一場戰爭都會有天使相助,每一場勝利都使你更加確信 —— 真正的王權掌握在真正的統治者手裡,他們證明了:「能夠統治自己靈魂的人比那些占領了城市的人更加偉大。」

因為一個連自己的靈魂都無法統治的人,又如何統治他的領地。

工作，樂在其中

我常常想，美國今天最嚴重的三種疾病就是假期、可口可樂和《星期六晚郵報》。

我並不是要批評這些人人熟悉的制度或事物本身。他們只是一些病症而已。如果商業元素干擾了娛樂，那麼就清除它，我們一定會因此非常開心。哪裡人越多，哪裡的狂熱程度就越大。

我們讀書讀到醉，就像我們喝酒喝到醉一樣。用一個比喻來形容，假設有一個真正的酒鬼，就會有十個文學醉鬼、二十個娛樂醉鬼還有五十個度假醉鬼。這種最暢銷的路邊攤讀物已經把美國變成了裝滿青蛙的池塘、智慧的貧民窟。

現在的人們都太壓抑、太空虛。我親愛的朋友們經常告誡我要當心精神垮掉，嚇得我開始對自己進行特殊「照顧」，而且我過去也常常這樣「照顧」自己，讓自己休息、娛樂，以至於最終身體垮掉。

Chapter3　從生活中畢業

　　後來，我找到了拯救自己的方式，那就是讓自己變得更加忙碌。我全心全意地投入自己所熱愛的工作中，並在其中獲得快樂。我一個人可以做兩個或三個人的工作，現在我已經從一個消瘦、煩躁而又神經質的藥罐子轉變為一個熱情、快樂的人。這也許讓殯儀館的工作人員失望了，但對於這個世界來說卻是個驚喜。

　　我白天的時候是一名編輯，到了晚上就變成了一個演講者。在完成一整天的編輯工作後，我會在晚上給自己放個假，做一做演講。或者每天演講兩到三次，然後抽空做一些編輯工作。每一天都勞逸結合，一年中都充滿了歡樂。我想我應該報答那些給予我傾訴和描寫機會的人，而不應該是他們付酬勞給我。

　　所以你看，我沒有時間變得虛弱。我沒有時間去關心、抱怨或是憂慮我的身體。就像《聖經》中的保羅一樣，我很高興我的精神能與上帝同在。當我不再考慮有關身體的任何事時，它也沒出現什麼差錯，開心得就像追逐自己尾巴的小狗。

　　我從來不知道什麼是工作過量，也從來不知道有誰因工作而死，但我確實知道有很多人因度假而自殺。

　　那些認為自己工作過量的人只不過是過度焦慮，這是一

種自私的表現。

你的焦慮就是在質疑萬能的上帝。做你喜歡的工作，或是為你喜歡的人工作，就是把工作當成一種娛樂、責任和特權。

不知道你在一座城市裡會不會感到孤單，那裡沒有真正的人，有的只是渾渾噩噩的人。他們大多數都很虛偽，都試圖讓自己看起來比其他人更富有。在那些趨名逐利的人中間我感覺自己很孤單。他們在那些燈光燦爛的商業區追逐快樂，他們必須每時每刻都盡情放縱，否則就要面對孤獨空洞的生活。

但浪子也有回頭的時候，當他們停下來反思走過的路，就會幡然醒悟，並領會了父親的用心。不論什麼人、在什麼時候，只要停下追逐紙醉金迷的腳步，認真回望自己的路，他們都會成長並且獲得父親的智慧。而對於那些不願意停下來思考的人來說，希望自然也不復存在。他們心中的魔鬼會夜以繼日地工作，阻止他們去思考。

這就是為什麼人群中缺少強壯健康的人。我們似乎必須透過娛樂來放鬆。想一想我們的肌肉，緊縮然後放鬆，再緊縮，再放鬆……透過這樣的循環往復來維持身體的能量，但是如果讓它持續放鬆，就會鬆弛萎縮。所以，對於個人、社

Chapter3　從生活中畢業

　　會、國家來說也一樣，如果不去努力，不去奮鬥，不去戰勝所面對的困難，而是任其放鬆下去，就會萎靡衰退。

　　如果你對肌肉研究得更多，你就會發現，當一組肌肉在放鬆時，另一組肌肉卻在收縮。所以你必須認識到你的假期、娛樂和放鬆只是另一種工作方式而已。我們可以去拜訪銀行行長、鐵路大亨、神聖講壇的牧師、大學校長或者任何在這個城市裡擔任重大職務的人，然後問他們一個問題：「您是在這座城市裡出生的嗎？」回答幾乎千篇一律：「哦不，我並不是在這座城市裡出生的，我出生在印第安納州，四十年前來到這裡，從最底層開始打拚。」他會激動地為你講述當他還是個小男孩時打拚過的小木屋、山坡還有農田。就我個人而言，我認為這種小木屋就是過度工作的目標。他無時無刻不在給我動力並推動我前進。並不是小木屋本身有什麼優勢，它只是奮鬥的必要條件，而由此取得的力量才是最引人矚目的。在那裡，年輕人獲得了為實現人生目標而奮鬥或服務的機會和力量。於是他們來到了城市，與那些沉迷於娛樂的浮躁軟弱的人們一起在社會中打滾，最終超越了他們，就像老鷹翱翔於藍天，俯視那群嘰嘰喳喳的麻雀一樣。

　　城市並不能自己前進，而是要依靠那些來自鄉野的少數菁英的推動，於是每年都會有大量充滿勇氣的有識之士進駐

主要城市，否則這些城市將會慢慢衰退，甚至在地圖上消失。如果不是有印第安納州，芝加哥早就滑進湖裡了；如果沒有印第安納州，紐約恐怕也早就失去了它的領導權。

我認為美國最有用的學校就是那些為學生提供設施，能讓他們半工半讀完成學業的學校。里爾博士曾經自豪地說過：「我們的學生來到學校，並且他們都完成了學業。」大多數學生都會透過努力完成學業，可是我不相信美國有哪一所學校能夠拿出一份全部都是傲人成績的成績單，這需要完成書本和實踐的統一。

美國人的城鎮病了，有的已經死去，有的奄奄一息。病因就是大城市的誘惑。是時候來抵禦這種來自繁華的誘惑了，我們必須把它們建設成對於每個年輕人來說最生氣勃勃、最有吸引力、最有前途的地方。年輕人離開那些城鎮，是因為它們沒有值得年輕人留下的東西。

美國的繁榮並不取決於幾個大城市的繁榮，而是為數眾多的城鎮。

下一次美國偉大的改革運動的口號必定是：「為了堅信上帝，為了建設家園，為了振興城鎮。」

Chapter3　從生活中畢業

Chapter4
小提琴與調弦

Chapter4　小提琴與調弦

　　一天,一位了不起的生產商將我帶到了他製作小提琴的工廠。確切地說,他製作的不是小提琴,而是琴身。

　　打個比方來說,小提琴就好比是受了高等教育的琴身。我覺得,剛來到這個世界上的我們就像是剛出廠的琴身。無論是對於我們還是對於琴身來說,軀幹和脖子大概就是我們的全部了吧。沒有琴弦,我們的存在就是沒有意義的。琴身沒有琴弦、琴弓,我們也就沒有了親密的朋友。

　　六歲時,我們上了小學,然後一直念到語法學校,我們便獲得了一根細細的 E 弦。問題是,很多人至此就以為他們可以成立一支管弦樂隊了。他們要離開學校,僅憑這一根琴弦去演奏他們畢生的小提琴樂章。

　　我們必須讓這些涉世未深的人明白,他們必須再回到學校,到必要的學院系所學習深造之後,才能獲得他們全部的「琴弦」,這樣才能更加完美地演繹他們生命的交響樂。做好這些準備之後,一切才剛剛開始。E 弦、A 弦、D 弦、G 弦都一應俱全了,就能說受過教育了嗎?小提琴之所以稱為小提琴,僅僅是因為裝上了這幾根琴弦嗎?小提琴是用來演奏音樂的,所以在具備了所有的琴弦之後,要做的事情還有很多。正如我們所了解到的:所有書籍中的知識和大學教育只不過是一種工具而已,在這之後小提琴必須到「調弦學校」和

088

「服務學校」,將轉軸調到合適的位置。

你所知道的一切無非是在「生活這所大學」裡學來的,你的經歷也無非就是將「理論之書」中的內容譯好再引用到「經驗之書」中去。需要你去協調一致的並不是你所牢記的東西,而是對你至關重要的東西。

歸根結柢,當你宣誓作為證人出庭時,你所知道的有關的一切都將被法庭採納作為證據。格西說:「我在書裡讀到過。」而貝爾‧威克姆說:「我了解我自己。」

我們每個人似乎都成了哥倫布,因為我們覺得自己發現了新的真理大陸,其實這已經不再新奇了。我們都忘記了自己曾經讀過這些東西,直到我們在生活中突然碰到它們的時候,我們才會真正理解,然後那些陳腔濫調便會在我們的意識中凝結成閃閃發光的真理的寶石。

噢,讀過一件事情和真正的理解一件事情是有很大的差異的。小時候念書的時候,我曾和一群無憂無慮的小淘氣站成一排,我們大聲地朗讀著邁克高斐的著名作品:「如果我玩、玩火的話,我就會把我、我的手、手指燒、燒傷。」

我並沒有領會其中的意思。我倒是真的希望讀完他的作品之後,我就會真切地知道:如果我玩火的話,我的手指就會被燒傷。可是我卻把手指放在熾熱的火爐或者滾燙的咖啡

Chapter4　小提琴與調弦

　　壺上，結果被燙出了許多水泡，然後才從中吸取了教訓。我讓別人看那燙傷的水泡，不斷地煩擾我的朋友，以此來博得他們的一點同情。「我真是倒楣透了。」我可真是一個傻子啊！

　　這不像是吸取教訓，倒像是認錯！

不勞而獲

　　三十四歲時我懂得了一個道理：你不可能不勞而獲。儘管我天生聰穎，但是弄懂這句話也花了不少的時間──比人類通常用的時間要長很多。人類那麼聰明，如果僅僅是讓他們遭受幾次小挫折而不是把他們徹底擊敗，他們是不會從中吸取教訓的。

　　這讓我想起了我在農場做僱傭工人的那段日子。你一定不會想到，我曾經在農場做過一名僱傭工人，靠做洗洗刷刷、修修補補的工作拿每個月十美元的薪資。你看我現在站在這講臺上舉止優雅得體，你根本不會想到我曾經馴服過一頭小牛犢，讓牠從銅壺裡喝水；或者是我曾經趕著一頭野牛，說著粗魯的話。希望上帝能夠原諒我的所作所為。

　　我第一次去縣集市。和我有過相同經歷的人們啊，你們一定記得，在縣集市所有的人都能找到適合他們的地方。一些人去了刺繡部，一些人去了水果罐頭部，還有一些人去了

Chapter4　小提琴與調弦

售豬部。總之,每個人都去了屬於他們的地方。至於那些容易上當受騙者,他們也去了適合他們的地方——「修理部」。

不到五分鐘我就找到了「修理部」,沒有人告訴我它在哪裡,我也不需要別人來告訴我。所有容易上當受騙的人都在那裡,物以類聚,人以群分。

在入口處我恰好碰到了一位紳士。我之所以知道他是一位紳士,是因為他告訴我他是一位紳士。他有一張小巧輕便的桌子,這樣他活動起來就會很方便。每當天氣十分有益於健康的時候,他就會把小桌子搬到翠綠的草地上。

在那張桌子上橫擺著三個小貝殼。我親眼看到這位紳士在中間的那個小貝殼下面放了一粒小豌豆。他在操縱著這個遊戲,但是其他參與遊戲的人卻被戲弄了。一位女士認為那粒豌豆在最後一個貝殼下面,就一直盯著那個貝殼。我天資聰穎,所以知道得最清楚。他跟我打賭豌豆一定在最後一個貝殼下面,這可是一個不勞而獲的絕佳機會。我把所有的錢都押在中間那個貝殼上了。其實,這並不算賭博,而是一件十分有勝算的事(事實也確實是這樣)。我不願意拿走那筆錢,因為在我看來,那好像是在搶一位父親的錢。這位紳士一定需要養家餬口,而我將要在這裡「搶劫」他,因為我比他聰明得多。

但是我並沒有「搶劫」成功,那位父親在接下來找豌豆的大約四秒鐘時間將我所有的錢「洗劫一空」。我只好轉到縣集市的另一邊,那是我唯一能做的,因為我沒錢再進去,更別提看看美人魚了。但是我並沒有從這次挫折中吸取教訓,而是說了一句每個傻瓜被騙後都會說的話:「下次我一定會加倍小心。」但是實際上並不會從中吸取教訓。

任何人說出這句話的時候,距離他被同一塊石頭再次砸到的日子就不遠啦!

Chapter4　小提琴與調弦

獲利分紅

　　隨著年齡的增長，人們開始發現我的聰明才智，覺得孺子可教。他們開始讓我入股，有沒有人也曾經讓你入股？只可惜，我沒能堅持住。不知怎麼回事，每次只要我一入股，這一行的生意就總是每況愈下，我也總是落得血本無歸的下場。

　　我開始投資金礦和銀礦。沒有人會知道，要是我能早點參與，我能投資多少黃金、白銀和貴金屬礦。我毫不猶豫地投資了，那時我無法自拔，以為這樣就可以坐享其成了！紅利離我如此之近，甚至可以嗅到它們的氣味！只要再作一個評估，然後我們就能分紅了！這是我一生所期盼的，但最終卻連個皮毛都沒得到！

　　在克雷醫生的幫助下，我恢復了過來。堪薩斯城一些善良的朋友想讓我在大沼澤地富起來，於是我對佛羅里達州產

獲利分紅

生了濃厚的興趣。在那裡,我有一片飼養短吻鱷的農場。短吻鱷生活在土壤的霜浸線以下,只有在這樣的環境下牠們才能存活得更好。我以加侖為單位出售牠們。

Chapter4　小提琴與調弦

意外的「中獎」

　　三十四歲那年，我遭逢大劫。我收到了一位朋友的信，這位朋友叫湯瑪斯・克里格，我以前從來沒有見過他。他住在密蘇里州聖路易斯一個叫里亞托的社區。在信中，他十分謹慎地告訴我：「你中獎了。」天哪！你曾經中過獎嗎？我仔細地讀了這位朋友的信，信中說：你中獎啦，因為你是一位傑出的市民，你在你所居住的社區有著重要的影響。你看，他確實是認識我。「你將會得到百分之一千的紅利。」百分之一千啊！上帝啊！

　　你曾經遇到過這樣的好事嗎？我相信你有過，但是我從來沒遇到過。

　　我搭晚上的火車去了聖路易斯。我真擔心在那裡會有人搶了我的大獎。我在火車上熬了整整一夜，為的就是省點錢給湯姆（我的那個朋友）。但是，我並不需要這麼匆忙。那時湯姆應該已經準備好羊毛剪刀等了我一個月了，嘴裡還念念

意外的「中獎」

有詞：羔羊小寶貝，羔羊小寶貝，快點來聖路易斯吧。

我並不是在博得你們這群人的同情。你們嘲笑我，甚至是大笑，並不尊重我內心的感受。我不想告訴你在聖路易斯到底發生了什麼，因為這一切都與你們無關。

但是，我還是很高興地去了聖路易斯，因為我天生就很聰明。我這麼聰明，卻忘了在俄亥俄鎮受到的教訓，而是直接去了密蘇里州的聖路易斯，到了湯瑪斯‧克里格的廉價機票銷售店，付給了湯姆一千一百美元，然後我才得知我得的是末等獎。我很快就調整好了自己，但是我滿腔的熱情都消失得無影無蹤了。你是不可能不勞而獲的，花一千一百美元來明白這樣的一個道理也是值得的。不僅僅是知道，我們還要去領會其真正的內涵。只有當我們真正明白了這個道理後，我們的生活才會變得妙趣橫生。每一天你我的生活都會充滿快樂，不再為那些讓你有可能不勞而獲的機會而煩惱。如果現在就有一筆財富出現在講臺上，我抓不住它，也觸碰不到它。有一個聲音會提醒我，拉爾夫，快走開吧，這並不屬於你，只是有人暫時將它遺失了。這財富就好像是我們之前提到過的那個咖啡壺。

現在，如果有人許諾給我百分之十到百分之二十的紅利，他絕不可能是我的朋友。

Chapter4　小提琴與調弦

　　如果他許諾給我百分之五十的紅利,我就要喊警察了。我不再是容易上當受騙的人了。就在那天,我又收到了一封信,信的開頭寫道:「你中獎啦。」啪的一聲!我毫不猶豫地把它扔進了垃圾桶。

　　押沙龍(Absalom)啊,押沙龍,我的兒子!亡羊補牢,為時未晚,你是不可能不勞而獲的。如果你還是不明白,那你就會「中獎」,然後去拿百分之一千的紅利。但是,這也意味著你會被燙得渾身起泡,因為你就是那個最容易上當受騙的人!

　　一天晚上,在一個大約只有一千人的小鎮裡,銀行家在演講之後將我帶進了他的辦公室。他說:「觀眾跟著你一起大笑,他們覺得這是一件十分有趣的事,我希望你明白演講必須字字真實,希望你能看到我在這個鎮上所看到的一切。我希望你知道,每個月社區會拿出上萬美元給那些白痴的企業。最可悲的是,這些來自最貧困的人們腰包裡的錢就這麼白白地浪費了。」

　　花了這麼長時間來向你說明我是怎樣弄懂一個道理的,我覺得毫不愧疚。如果我說明白這個道理花費了我足足三十四年的時間,那麼你還會覺得我講它花的時間太長嗎?對我來說,這大概就是我學習有多慢的最有力的證據了吧!

讚美詩

每到畢業演講時,一些年輕人總是會說:「今年七月分,我就要結束我的學業啦。」

祝福他們吧!他們僅僅是又得到了一根「琴弦」而已。正如他們所想到的那樣,這一次學習結束,意味著等待他們的將是下一個開始。這不是真正意義上的結束,只不過是翻開了他們無止境的學習的另一個篇章。孩子們,這不是一件讓人沮喪的事,而是一件值得歡呼的事。生命中充滿著這樣的開始與進步,難道不是一件美好的事情嗎?

我喜歡參加高中生的畢業典禮。那裡的舞臺裝飾得特別美麗,臺前擺著一排天竺花,旁邊擺著一棵高大的夾竹桃,舞臺中間擺著一塊長毛地毯,就像按照四月版的《女性家居雜誌》設計的一樣。畢業生們在臺上圍坐成一個半圓,他們穿著漆皮做的衣服,我知道他們穿上這衣服有多彆扭,因為他們是第一次穿。

Chapter4　小提琴與調弦

　　隨即他們便開始演講。每每聽到他們的演講，我就會越發地喜歡他們，我覺得自己變得越來越年輕了。

　　美女一號走上前去開始了她的演講：「越過高聳的阿爾卑斯山，義大利向你敞開了懷抱。」（雙臂前伸，左臂稍高，然後雙臂放下，手指和手腕協調地運動，如果手指和手腕不能很好地協調起來的話，開場一定會很尷尬吧？如果手腕在向下運動，而手指卻僵硬地停在空中，這對觀眾來說會是一種怎樣的震撼啊？）掌聲響起，尤其是來自她的親友團的掌聲。接著美女二號走上前，她同樣站在用鉛筆做的記號處，開始演講：我們（她將雙手抬到半空中，然後分開）一直在努力地划船行進（頭向前傾，每隻手伸出兩個手指頭做出划船的動作），而不是在漂流（雙手隨即又做出了向下滑的動作）。

　　孩子們，我們不是在嘲笑你們。我們是在嘲笑我們自己，嘲笑我們是如何學會了那些你們一直牢記，但是卻從來不曾用過的真理。

　　你們從愛默生的文章中學到這些真理，但是並沒有領會到其真正的含義。只有當你們親身經歷之後才會真正地理解它們的內涵。我們說，「越過高聳的阿爾卑斯山，義大利向你敞開了懷抱」，這真的是一件好事。但是我們卻不能說如果你能夠克服重重困難就一定會達到成功的彼岸。如果換個角度

說,「我們正在奮力前行,而不是在虛度時光」倒很不錯。除非你已經抄起一支槳了,否則您就不能說自己在奮力前行。

噢,格西,趕快拿起你的槳吧!

Chapter4　小提琴與調弦

初次布道

你聽說過有一位剛「出道」的年輕牧師嗎？你聽過他第一次布道嗎？我希望你曾經聽過我的第一次布道。我受到了邀請，至少我認為我是受到了邀請的。或許是我的大腦「短路」了吧，「教友」們一直在等著我，並且告訴我說我又被「選中」了。這是來自當地的一個電話，而且距離也不遠。

他們給我六個星期的時間讓我來準備福音布道，並且告訴我要為第一次做好準備。

當然，我也盡量準備得面面俱到。但是我卻犯了一個錯誤，這也正是我要提醒你不要犯的錯誤。我並沒有從自己的人生經歷中提取需要的布道素材，而是利用了我父親圖書室裡的書。我加了一句「偉大的莎士比亞曾經說過」，然後便將出自莎士比亞的一段話引用到了我的布道稿的第五頁。我在另一處引用了詩人阿佛烈‧丁尼生（Alfred Tennyson）的話。我將這些摘自書中的段落用自己的智慧很好地融合在一起。

初次布道

我在那篇演講稿中使用了大量華麗的辭藻,還用了一些隱喻和暗示來進行點綴。這篇演講稿高潮迭起,既有讓人興奮的內容,也有讓人感動得淚流滿面的內容。在第十四頁,我安排了一個讓人淚流滿面的高潮,在那頁的空白處我還故意做了一個要流淚的記號,這是我要流露出悲傷的地方。我讀到這一頁左手邊的地方就會哭出來。

我將這一切都記在腦子裡,還請了一位教表情的女士來教我怎樣恰到好處地表達。你一定能很好地表達出來。我在每一頁都標好了自己要做的手勢。你知道,在演講時,你的手總要做出一些手勢,這些你在我身上都會看到。

當然,我不是在嘲諷這種表達方式,表達是一種高雅的藝術。但是你的手勢一定要向觀眾傳達一些相關的內容。

那時,我犯了一個錯誤。我的手勢太多了,要做的竟然有一馬車那麼多,但是我自己卻沒有注意到。所以說從一開始這件事就是不對的。那就像是一條領帶,卻沒有人幫我把它繫好。我連續在鏡子前站了六個星期,我每天都在對著鏡子練習,以為這樣就可以一切順利。我本可以去睡覺的,但是不想耽誤了布道。

那個偉大的時刻終於到來了,只見一個了不起的男孩站在一大群人面前,那時,比起以前對著鏡子,我顯得更加自

103

Chapter4　小提琴與調弦

然大方,每一個手勢都如計畫中的那樣恰到好處。我在講到第十四頁的時候真的哭了,我知道這絕不是發自內心的,可是那天我真的哭了。

我做的另一件妙事就是坐在地上,其實,我覺得要是坐得早一點的話會更好,我希望整個過程中自己都是坐著的。我是最後一個匆忙離開教堂的,在布道的九個人當中,我被淘汰出局了。當我走到門口的時候,教堂內的老司事還朝門內擺擺鑰匙催促我,他說:「別傷心啦,老弟,我還見過比這糟糕的!老弟,你說得還可以,但是你根本什麼都不懂。」

回鎮子的路上,我哭了一路。那位老司事的話比用一把匕首刺向我傷我傷得更深。許多年之後,我才明白,其實那位司事的話是對的。透過那次布道我學到了一個真理,布道並不是要傳授什麼空洞的真理,而是自己親身經歷過的東西。我根本不理解當時那位老人的意思。

所以,孩子們,如果你們要準備畢業演講,一定要寫自己最了解的內容。如果你最了解的事情是削馬鈴薯皮,那麼你的演講內容就可以是削馬鈴薯皮,觀眾給你的掌聲依然會從四座響起。

每出版一千本書,至少會有九百本書的初版是得不到稿費的。當你研讀一些寫有作者親身經歷的書的時候,你會體

會到他們真的是在寫自己的經歷。或許在那些沒有獲得成功的書中蘊含著更多的真理，寫得也很好，然而它們缺少的卻是一種必不可少的動力。它們僅僅出自作者頭腦中的想像，而那些寫有作者親身經歷的書來自作者的內心世界和生活體驗，那些才是他們所真正了解的。從他們自身的經歷當中，這些寫作素材可以源源不斷地湧現。

生命只能源於生活，當我們的生命觸碰到那些更為偉大的生命的時候，我們的生命就會變得更加豐富多彩。在你的學校教育中，最成功的一部分並不是來源於書本，而是你接觸到的老師的生活。

這也是教育的失敗與成功的分界線。學校和書本盡職盡責地給了學生「工具」和「琴弦」。但他們如果就此止步不前的話，失敗便會接踵而至。我們在書本當中學到了農業知識，但這不會使我們成為一位農業學家。我們成為農業學家的唯一方式是拿起鋤頭去務農。

Chapter4　小提琴與調弦

唱出你自己

「沒有畫完的畫，沒有詠完的詩，畫家的靈魂脆弱不堪，詩人的內心百轉千迴。」

許多年輕人都認為自己已經是歌唱家了，因為他們有一副好嗓子，而且他們已經對它進行了訓練。但所有的努力、煩惱、辛勞、汗水還有嗓子的疼痛，都僅僅是成為歌手的前奏曲，僅僅是那個讓歌手看起來更完美的領結而已。

人們通常認為歌曲來自於聲帶的振動，其實不然，真正的歌曲來自於人的內心，歌曲只是在聲帶振動的幫助下產生的。

如果你不曾親身經歷過，根本不可能唱出一首完美的歌。一天，在文化講座上，我對潔西提起了這一觀點。她有著美麗動聽的嗓音，曾經遠赴柏林學習。那天下午，她在帳篷裡唱了一首歌──〈夏日的最後一朵玫瑰〉。每個音符她都唱得恰到好處。正如她的老師教的那樣，她使用甜美的顫

音並面帶微笑,但是她所唱出來的只不過是音符而已。或許她也曾經唱過那首〈鼬鼠跑掉了〉。

當我返回旅館的時候,潔西正在哭泣,她說:「為什麼我會失敗呢?」

我回答:「為什麼呢?潔西,我認為這是你上的關於唱歌的最好的一課。你只是在盡力地演唱〈夏日的最後一朵玫瑰〉,而你對夏日的最後一朵玫瑰卻不曾有過太多的了解。孩子,我覺得在你真正演唱這首歌之前,一定從未切身體會過什麼是悲痛、失望和絕望,因為這首歌是一個心碎的女人傷心的啜泣。」唉,為什麼年輕的女孩子們總是要去演唱一些他們不可能唱好的歌曲呢?她們實際上只不過是在表演而已。

Chapter4　小提琴與調弦

凱莉的成功

一天晚上,我、詹姆斯·G·麥德梅和西貝爾·薩米斯在芝加哥的登山俱樂部圍桌而坐,聆聽俱樂部第四位成員說話,她是一位身著黑衣的女子,有著可愛而楚楚動人的臉龐,滿頭銀髮。她是一位著名的作曲家。她的歌都是用卡車裝載著銷往芝加哥以外的地區。

我問她:「你是怎麼成功的?你怎麼知道人們需要什麼樣的歌曲呢?」

她說:「我們現在在這裡感覺特別好,我們有這麼多的朋友,有一個溫馨的家庭,有充裕的資金。但在我的生命中,曾經有一段特別難熬的日子,我每天只吃一頓飯,吃了上一頓還不知道下一頓在哪裡。我無依無靠地生活在這個世界上,掙扎了很多年,疾病纏身,窮困潦倒。我在一間狹小背陰的房間裡開始創作歌曲,將自己內心的所思所想全部都寫了出來。我寫自己的生活和曾經的掙扎,我的歌全部都來自

於生活，我將它們全部寫出來只是為了寬慰自己。我真的很高興，全世界的人都喜歡我的歌，而且他們還想聽到我更多的作品。」

這個女人就是凱莉・雅克布斯・邦德。她創作了〈完美的一天〉、〈搖籃曲〉、〈為你而穿〉，這些簡短而樸實的歌曲都能讓你產生共鳴，有時甚至能讓你滿眶熱淚。我看過那些歌，為什麼呢？僅僅是這麼簡短的文字、這麼簡單的音符就能產生如此撼動人心的力量。

在登山俱樂部聽凱莉講述的那個晚上，我更加明白了，書本上的理論與和諧的生活只能教會我們寫下一串串音符，而生活中的苦難卻是創作的靈魂。音符只是用來傳遞音樂的，真正的歌曲來源於生活。

如果凱莉從來沒有挨過餓，忍受過孤獨，曾經灰心喪氣，從來不曾努力掙扎過，她將永遠不知道如何寫出那些讓她成名的歌曲。可以說她的失敗也是她的成功。

所以我們不必去了解世界需要什麼。我們只需要創作出自己生活中完美的作品，全世界也會因此為我們喝采，最偉大的藝術恰恰是我們現實生活的真實寫照。

Chapter4　小提琴與調弦

挫折之後

　　我親愛的朋友，我並不是在據理力爭說我們必須飲盡失敗的苦水，我們的生命中應該充滿各種悲痛，或者是讓自己變得不堪一擊。但是人生路漫漫，沒有人會懂得真正意義上的成功，除非這成功來自於我們豐富的人生閱歷，正如那些來自凱莉‧雅克布斯‧邦德生活中的歌曲一樣。

　　今天這裡聚集了許多聽眾，這裡的每個人都是不同的，任何兩位聽眾都是不一樣的。每個人都在為不同的目標而奮鬥，每個人都要承擔不同的責任，每個人都覺得自己的麻煩比別人多。

　　那些上了年紀的長者，你們一生中一定有過輝煌的事蹟，你們最了解人生的困難與坎坷，最能體會那句：「越過高聳的阿爾卑斯山，義大利將向你敞開懷抱。」或許，你們中的許多人已經遇到了坎坷，或許早在幾年前你就已經遇到坎坷了，但是這些傷口至今仍然沒有癒合，而且你認為它們永

遠都不會癒合了。你之所以來到這裡,是因為你認為來到這裡就可以暫時忘記煩惱。我知道此時此刻你們當中有些人遇到了麻煩或是正在忍受痛苦。從來不曾有這麼多人聚集在一起,但是有些人已經身心俱疲了。

如果我仍舊滔滔不絕地講下去,不久就會看到你們的眼睛在發光,而我的眼睛也會發光。因為我和你們一樣也覺得自己的煩惱比別人多。

或許在場的年輕人對這次演講並不感興趣,但是你們對我很禮貌,因為這本身就是一個禮貌的場合。你們並不太關心這次演講,你們會說:「這都是什麼跟什麼啊?那個人在說什麼呢?我們聽過這些東西,不想再聽了!」

或許吧,你們當中有些人天生就很聰明。孩子們,你們還小,所以你們還無法體會到自己對卡斯托里亞(Kastoria)的需要。

將來你就會知道你需要它。我不乞求你們相信這是一則真理,但是希望你們能夠記住,當你遇到挫折時,它就會像能治癒你的膏藥一樣。你的生活和其他人沒什麼兩樣。所有人的生命中都存在著相同點。你們會哭泣,甚至可能會哭到睡著,睡不著的時候就會在地上來回踱步,你將要遇到的挫折或許和你的爸爸媽媽曾經遇到過的一樣可怕!

Chapter4　小提琴與調弦

　　當你們最信賴、最親近的人背叛你的時候,你就會知道什麼是椎心的疼痛。或許這種背叛僅僅是一個吻。你會經歷人生的最低點,你甚至會以為清晨再也不會來臨。你會說:「上帝啊,讓我死去吧,我很痛苦,我的生活再也沒有指望了。」

　　在死之前,你還有很長的一段路要走。你會發現在我們「死」過幾次之後,生命中最重要的部分隨之而來。

通往天轉敗爲勝堂的路

你將會透過歲月、挫折還有眼淚來吸取教訓，這些都有助於完成你的學業。

這些挫折和坎坷不僅不會損壞琴身，而且會把弦軸調到最合適的位置。

經過了歲月的磨礪、淚水的洗禮，你人生中的「滑鐵盧」會將你的心弦繃緊，越來越接近完美的音調。那些不和弦的音調漸漸淡出了你的生命，曾經發出那樣不和諧的音調和噪音的琴弦如今卻發出了天籟般的聲音。

所以，當我們告別了所有錯誤的、不和諧的東西後，平靜、理解、同情和關愛就會充滿我們的生命，這意味著我們的學業正式結束了。

因為教育是通往幸福的路，是通往天堂的路。

Chapter4　小提琴與調弦

Chapter5
回首往事

Chapter5　回首往事

　　翻開這熟悉的樂章，回憶不斷地湧現。在先前關於〈挫折大學〉的演講中，我曾經論述過這類問題，這裡我想再補充一些內容。不難看出，我並不是出身名門，但顯而易見的是，我可以有很好的出身。我父親是衛理公會的牧師，家裡曾用過錫勺。在婦女援助社舉行牡蠣晚餐時，我們總會把勺子借給他們用，但從來都不用在勺子上繫什麼紅繩，也從不擔心找不回自己的勺子。我們的勺子總是會被完好無缺地送回來！

　　我仍然記得自己是如何挖到第一桶金的。步行數公里到達鄉村，整整一天我都在豐收的田地裡收割麥子。你應該還記得那些舊時收割人的生活。到了晚上，我為他工作的那個農民拍拍我的頭說：「你是我見過工作做得最棒的男孩。」我自豪極了。然後，那個老吝嗇鬼樂呵呵地在我起了水泡的手上放了五分錢。那五分錢是我拿過的最多的錢。

畢業典禮

經過這麼多年我才明白：賺錢要比攢錢容易多了。

十六歲時我成為了一名教師。多甜美的十六歲，多青澀的十六歲呀。孩子們，高興點吧，青澀意味著你正在邁向成熟！我的個子太高了，跟別人太不一樣了，總覺得彆彆扭扭的。我能進學校當老師是因為我是應徵者中薪資要求最低的。他們曾經說，任何人都能教孩子。

我從來沒學過教育學，卻編了三條教學規則，我認為能行得通。這三條教學規則是：

1. 督促學生學習。
2. 督促學生背誦。就是使他們能夠學以致用！
3. 獲得報酬。這裡著重強調規則三。

為了省錢，六年裡的絕大多數時間，我都步行十三英里去學校。我沒有狹隘地使我的教學僅僅局限於一種方法，而是每天都充分運用各種方法。對於小一點的孩子，施以小

Chapter5　回首往事

惠,贏得其信任並激勵他們積極學習。但對於比我還健壯的大孩子,則要用愛和道德來勸說。

在學期末我們舉辦了一個「成果發表會」。不知你是否參加過以前鄉村裡的「成果發表會」,當時全鄉鎮的人都到齊了。因為學期圓滿結束了,他們很高興地想要加以慶祝。大家帶來了許許多多的食物,很是豐盛。我們把黑板鋪在桌子上,然後在上面堆滿了炸雞、甜甜圈和餡餅,四十多種餡餅!蘋果奶油餡餅上抹了很多醬,還有超大的烤蘋果派!

然後我們進行了一項「活動」——每個人都上臺表演。我們「表演」了很多文學作品,「處決」這個詞道出了那天我們對文學的所作所為。現在我閉上眼睛,當時的情景仍歷歷在目。我看到我的學生們一個接一個上臺表演。我幾乎認不出他們,因為他們穿上了禮服,而我只是穿上了高領的衣衫。父親用剪羊毛的剪刀修剪了他們的頭髮;母親則把他們洗得很乾淨,包括耳朵後面,甚至是裡面,為此還把毛巾扭成螺絲錐狀。他們穿著領子翹得很高的衣服,看起來就像是他們把自己的頭塞進貨車車輪中一樣。

我看到他們一個接一個地上臺表演。其中有「在阿爾及爾陣亡的羅馬士兵」,那天我們又讓他死了一次,我們這樣的處決令他死得更慘;我還看到「燃燒甲板上的男孩」;看到瑪

畢業典禮

麗的小羔羊再一次在舞臺上跳躍；看到兩個裹著麻布頭巾的愛國者再次挺身而出，高喊著派翠克‧亨利（Patrick Henry）的：「不自由，毋寧死！」我想，如果派翠克‧亨利出席了我們的「成果發表會」，他會說：「毋寧死！」

緊接著是一片令人窒息的安靜，輪到「老師」出來告別。照慣例我應該哭，但我很想喊：明天我就能拿到錢了。我早就準備好了一個倒背如流的演講，但不知怎麼回事，當我站起來，面對著學校最後一天的觀眾們，張開嘴，口形還不錯，但是它卻最終啞火。我站在那裡，張著嘴巴，什麼也說不出來，眼淚奪眶而出，滑過臉頰，濺落在我價值六美元的套裝上。

學生們泣不成聲，就像他們親愛的老師已經說了再見！父母也流下了熱淚。這是你見到過的最悲傷的場面。終於我說出話來：「別為我哭泣，親愛的朋友們，我要走了，但我明年還是會回來上課的。」

我想，聽完這話之後他們哭得更難過了！

Chapter5　回首往事

「秋後」還帳

第二天，我拿到了薪資。

我高高興興地將兩百四十美元全部捆成一沓。在回家的路上，一想到在家裡的地位能因此有所提高，走起路來都趾高氣揚的。

可惜，那些薪資沒能帶回家。談到我這個愚人和我的錢，你也會有自己的感觸。路上，我遇到了鄉紳K，他把我所有的錢都借走了。錢能夠被他如此簡單、毫無懸念地借走，那是因為鄉紳K是一個「心地非常善良」的人，他在教堂裡可是赫赫有名的。我常常想，他天天在教堂裡忙來忙去，為什麼不住在那裡呢？

鄉紳K寫了一張兩百四十美元的借據，與我約定「秋後」還帳。就是我們習慣於每年秋收時償還全部欠款。那張借據我還留著，一張已經褪色、泛黃、滿是汙點和裂痕的兩百四十美元借據，上面還寫著「秋後」還帳的字樣，這個「秋

後」得追溯到一八八〇年代。

鄉紳 K 早就消失不見了，拿著自己的獎賞——我的辛苦錢——逍遙自在。說到這裡我不知自己是該抬頭冥想還是該低頭悔恨。他沒有留下任何地址，讓我能找到哪怕是他的一絲痕跡。

但我明白了，所有的坎坷都是我上這所大學所交的學費，而在這其中學到的知識時時刻刻都在給我以警醒。在學校任教的經驗固然彌足珍貴，但我獲得了更為寶貴的經驗，我付出每天步行十三英里一共兩百四十美元學到了一個簡單、微小，卻無法從書本中學到的教訓：愚蠢的人只會賺錢，只有聰明的人才會花錢。還有一點：與一等的罪人做生意要比二等聖人更安全。

這記耳光沒有搧在教會臉上，而是搧在了教會最壞的敵人臉上，那是其自身的敵人。

Chapter5　回首往事

高中畢業

　　我再講一個教訓吧，這個教訓，每個心高氣傲、不知回報的人都必須得學。

　　我們在家鄉的高中舉行了畢業典禮。一整班的青年才俊正躍躍欲試去征服世界。我們非常慶幸世界等了我們這麼長時間，我們也確信世界也會得到豐厚的回報。

　　我們之中有些人將成為總統和參議員，有些人將成為男作家和女作家，男詩人和女詩人，男科學家和女科學家，男天才和女天才⋯⋯等等。班裡只有一個男孩的前途不容樂觀。這個叫吉姆‧蘭姆伯特的孩子對自己的職業生涯沒有任何偉大設想，他甚至連一個郵政局長都不想做。他沒辦法像我們其他人一樣學習，因為他缺乏非凡的才智。學校「有條件」地把他送入了畢業班，因此我們都看不起他。

　　畢業典禮將至，班委會達成了一致決議，並將吉姆帶到

了學校後面的房子裡,向他宣布這項決議:他可以和整個班級一起畢業,但他不能上臺演講,因為他根本就不會發表演講。典禮那天晚上,他們把吉姆藏在舞臺上一棵夾竹桃的後面。

Chapter5　回首往事

刮目相看

　　那個想要成為作家的女孩最終在家庭電話交換臺當了接線生，並成為社區必不可少的一分子。那個想要成為詩人的女孩在本地郵局的郵遞窗口服務並負責黏貼郵票。那個想要進國會的男孩留在了縣裡種玉米，而他的妻子是家中很能幹的人。

　　還有些人則表現出色，特別是吉姆·蘭姆伯特。這個不怎麼聰明的孩子，卻成了一家南方大工廠的老闆，手下有一幫人為他工作。當年那些將他藏起來，不許他在畢業典禮上演講的班委會成員們，現如今必須在門口排隊等候，明晃晃的門牌上寫著：「蘭姆伯特先生所有。」在訪問前，他們得先遞上名片，並且有個像看門狗似的警衛對他們講道：「長話短說，他很忙！」

　　他們將蘭姆伯特先生的照片掛在高中校友會議廳的後面，也就是當年他們嫌吉姆不夠聰明而把他藏起來的那間屋子。

遲鈍的孩子們，如果你因無法像班裡其他聰明的孩子一樣學習而哭紅了雙眼，那麼這個蘭姆伯特的故事有沒有使你為之一振呢？

Chapter5　回首往事

二十一年後

　　我曾是校舍的看門人。我的同學們永遠不會想到,他們漫不經心的嘲笑,給一個衣衫襤褸靠擦地板和撿煤炭為生的男孩留下了多麼大的創傷。畢業典禮後,班上其他學生的職業生涯也正式開始了,而我的職業生涯似乎要在此時結束。他們離開學院,準備大展宏圖。而我卻窮得什麼都做不了。典禮一週後我去了另一個城鎮的印刷店,挽起袖子,開始在「魔鬼窟」裡為了生計拚命。

　　多麼辛苦的奔波啊!我的命運充滿了沮喪和痛苦。我沒有像其他人那樣的機會。二十一年後,教育局送我回家鄉做演講。演講者在回家鄉做演講時都激動萬分,如霜凍一般痛徹心腑。他們又變回了孩子,他們不是什麼演講者,兒時與他們一起打鬧的孩子們如今都坐在前排,他們的妻子和孩子也來了。他們演講的內容都來自縣城外的苦難經歷,而演講時,他們又會把故事串聯在一起,演繹一場正義與邪惡針鋒

相對的戰爭。

我再次回到那個老禮堂,站在二十一年前的那個講臺上,演講激情洋溢:「女士們,先生們!希臘已經消失,羅馬也不復存在了,但不要害怕,因為我將拯救你們!」諸如此類的話。然後我回到酒店,眼睛裡噙著淚,心中無比激動,感激之情油然而生。我保存了一張二十一年前的畢業照。這些年來我一直沒有看過這張照片,也無暇顧及。

那晚我凝視著這張照片,許久許久。透過重新審視,我得到了一個更為真實的生命真理。要想看盡人生百態,那就在深夜獨自品味那張二十一年前和夥伴們的合影吧。

照片裡是五十四個年輕人,一個個都準備大展宏圖。但是,情況恰恰相反,那些我看好的人幾乎都折戟沉沙,而那些我不看好的人卻平步青雲。當我們走出課堂後,有的人進了講壇,有的人去了國會,而有的人鋃鐺入獄。這個班裡有醉鬼、賭徒、遇難者,還有一個人自殺了。一個小小班級裡的人,似乎飽經了人類所有的可能和失敗。

拍照片時他們之中最大的也不超過十八歲,而每個人的命運都早已被判定。他們也一直沿著那條安排好的路在走著。

在學校裡荒廢學業的孩子,在生活中也荒廢了自己的事

Chapter5　回首往事

業。在學校裡最差的孩子,在生活中同樣歷經坎坷,但也正是這種坎坷,成就了他的一番事業。

吉姆‧蘭姆伯特依舊對機器很著迷,就像他對學習很遲鈍一樣。

那個曾經賣我刀的男孩欺騙了我,他總是能在交易中占我的便宜。後來他繼續賣刀、行騙。二十一年後,他因造假而鋃鐺入獄。現在的他是一個十足的惡人,而在二十一年前,他小規模地運用了同樣的手法,卻被稱為聰明機智。回頭看看,一切都很明瞭。

往事歷歷在目,而未來變幻莫測。那個從不和人交往的書呆子哈利,從不竊竊私語,從不招惹麻煩。他經常梳著整齊的頭髮對別人禮貌地使用口頭禪──「如果你願意的話」。他的乖巧傷我甚深,母親們在懲罰自己墮落的兒子時都會說:「為什麼你不向哈利學學?他將來就是美國總統,而你卻會進監獄。」那個模範哈利無所事事,只是閒坐在那裡,充當一個榜樣。韋伯斯特先生準確地將模範定義為真實事物的模型,哈利就是一個絕對成功的典範。而後來,四十歲的他衣衫襤褸、形容枯槁。只有那些行動迅速、精力旺盛,時而遭遇挫折並能從中獲得豐富經驗的孩子,才會真正有所作為。

還要提到的是克拉麗斯，她善於交際，是真正的班花。她曾在當地報紙舉辦的美容優惠券競賽中贏得陶瓷花瓶大獎。這些年來她一直在社會上打滾，到頭來卻淪落到無人問津的地步。班級裡別的女孩都是社交場合的「牆上花」，卻成為社區家庭中的母親。不知何故，男孩們討好克拉麗斯，卻選「牆上花」來主持他們的新家！

Chapter5　回首往事

令人羨慕的男孩

　　法蘭克是我最羨慕的孩子。他一切都好，美滿的家庭，慈愛的父親，富裕殷實，前程大好。大家都說，法蘭克是鎮上最受歡迎的男孩，他很出色，還很可愛。人們總是說，他將名揚天下，整個鎮都會感到驕傲。

　　在列印機前拚命的我不止一次羨慕法蘭克的運氣。

　　二十一年後，一走下老城的火車我就向接我的人打聽：「法蘭克在哪兒？」不一會兒，我們一起走到小鎮邊緣的墓地，在一座墳前，我看到石碑上寫著「法蘭克」。

　　然後，我聽說了那個讓人倍感遺憾的故事，那可是個老掉牙的故事了。故事講的是，這個孩子占盡了優勢和機會，一切都使他的生活顯得太容易了。在生活這所社會大學裡，成功就像餡餅一樣是毫無固定模式的。他似乎從來都沒有進入自己的社會角色，似乎總是陷入困惑。他葬送了一切希望，傷透了父親的心，花光了所有的財產，震驚了社會，最終他親手用子彈結束了自己荒廢的生命。

搖槳的賓漢 [04]

你知道「賓漢」(Ben-Hur)的教訓嗎？那個猶太男孩賓漢遭人誣陷，被從家中趕出，很不光彩，傷心欲絕。他被強行拉進法院，接受審判。他並沒有得到公正的審判，在這個世界沒有人能得到公正的審判。這就是為什麼偉大的法官會說：「不要輕易判決，因為你還沒有掌握充分的證據。」

然後，他被判刑。那些人將他發配到大船上，拴在長椅上，整日搖槳。日復一日，年復一年，他一邊搖槳，一邊遭受無情的鞭打。每一天他的背都流血不止，他心如刀割，以淚洗面。他是慘遭命運愚弄的犧牲品，一事無成，只能一下下地搖槳。

其實你我都一樣，每天奔波忙碌。在廚房裡、辦公室裡或任何別的地方，我們就像是那搖槳的奴隸。生活似乎就是希望渺茫，周而復始地辛苦工作。現實的皮鞭抽打在我們身

---

[04] 賓漢，美國作家路易・華勒士（Lewis Wallece）長篇小說《賓漢：一則基督的故事》(Ben-Hur: A Tale of the Christ) 中的主角，小說曾多次被改編為電影。

Chapter5　回首往事

上，令人痛心疾首。啊，上帝，我還要忍受多久！我們在街上到處都可以看到一些不用搖槳的人。他們過得比我們好，令人羨慕。

但是，我們沒能發現的是，他們也是在搖槳。我們能看見的只是鎖住我們自己的槳，卻看不到他們的槳，不知道那些我們常常羨慕的人也在嫉妒我們。接下來再看一下安提阿的戰車比賽吧。廣場裡擠滿了成千上萬的人。看看馬薩拉，那個不可一世的羅馬人；再看看另一輛戰車，槳手賓漢駕著阿拉伯駿馬誓與馬薩拉一決高下。一聲巨響，兩人風馳電掣般地衝了出去。誰會贏？數千人交頭接耳，應該是「手臂粗壯的那個」。

比賽到了關鍵時刻，賓漢揮舞著搖槳時鍛鍊出的那雙鐵臂，阿拉伯駿馬隨之追風逐電。賓漢獲勝了！這全歸功於他曾在船上搖過槳！要是賓漢從未被逮捕、判刑，他絕不可能贏得比賽。

遲早有一天我們會發現，我們搖著槳，被嚴峻的現實抽打著，認為命運不會再有任何改變，但每一次經過略有些盲從和絕望但卻實實在在的努力，我們的力量卻在某種程度上得以增長，就像一個儲存力量的銀行，正在一點點地追加利息。等到戰車比賽來了，時機已經成熟，我們只需奮力一擊

就能取得勝利,不再被打倒。穿過彩雲,轉瞬間我們又回到了搖槳的船上。

　　站在法蘭克的墳墓前,我感謝上帝能讓我去搖槳。我並不是一個成功的典範。但是,我非常慶幸能成為挫折大學初級班的一名學員。

Chapter5　回首往事

Chapter 6
憧憬未來

Chapter6　憧憬未來

　　這是我生命中最美好的一天。這是你生命中最美好的一天。這是每個人生命中最美好的一天。

　　與以往任何時候相比，今天的我們更智慧、更強壯、更偉大。所有的過去都是我們今天的鋪陳，我們用盡過去來為今天做準備，我為今天感到高興！我為不相信這一點的人感到遺憾！我為在我的肩膀上哭泣並說「希望再回到童年」的人感到惋惜！噢，如果我只能過完此生，我的童年很開心，可我現在不快樂，無論如何，童年都是我一生中最美好的回憶。

　　醒醒吧，我的朋友！你的時間已經開始一分一秒地過去！你說孩子是幸福的，可是那些寶貝們不知道什麼是幸福，因為他們還什麼都不懂。必須經過時間的歷練，經歷挫折和失落，並自己哭喊著睡去，然後你才知道什麼是真正的幸福。只有夜晚才能讓我們懂得如何珍惜白天；只有飢餓才能讓我們懂得如何品味食物；只有勞苦才能讓我們懂得如何休息。你知道什麼是天堂嗎？當你不幸患上了牙痛，天天忍耐著直到痊癒，這最後的感覺就是在天堂。

等待晚宴

  我的童年是悲哀的。我不想再回到那段時光,不想再經歷那時的一切。我不會尋找機會回到童年,然後再返回現在,我理所當然地毀掉了千百次這樣的機會,都不知道自己是如何做到的。

  孩子們,我的建議是,如果童年已經結束,就不要再像個孩子,人要看得長遠。

  生活的真諦就是不斷地進取。我記得當我還是個孩子的時候,有位叔叔常來我家並留下來吃晚飯。他是我見過的最隨便的、最愛留下來吃飯的人。他將享用一頓豐盛的晚餐。這位叔叔每次留下來吃飯時,媽媽總是一個人在外面忙來忙去。她會準備十一瓶水果罐頭、果凍和西瓜果醬,還會有一大盤炸雞以及肉汁和馬鈴薯泥。

  我太餓了,對這頓大餐早已是迫不及待。然而,叔叔會第一個坐在餐桌旁。爸爸對我說:「孩子,你去別的房間等

Chapter6　憧憬未來

著,這裡沒有你吃飯的地方。」

我曾在他們盡享晚餐時,自己待在別的房間裡,並且飢餓難耐。我是所有人中最餓的一個,但只因為我是個孩子就不能和他們一起吃飯。當他們吃大餐時,我只能啪的一聲用力關上房門,坐在那裡抱怨這對我有多麼的不公平。我也曾想像過,天堂一定會是一個大家都可以坐下來一起吃飯的地方。

我眼看著他們就要吃完晚飯了,盤中只剩下最後一塊炸雞脖。噢,上帝,請為我留下那塊炸雞脖吧!

可是那位叔叔毫不猶豫地吃掉了那最後一塊!然後,我看著他酒足飯飽地來到我這個飢餓的小傢跟前。他來到我這個飢餓的、可憐的,一直在門後等待的小傢伙面前,說:「佩里特兄弟,這是你的小孩嗎?」他將手放在我的頭上祈禱著什麼,而我不需要他的關心和可憐。他還說:「孩子,現在你可以去吃晚餐了。」

現在!在所有炸雞都被吃光的時候!「好孩子,你現在可以去盡情享用晚餐了,因為你正在經歷你生命中最美好的日子。」大騙子!應該說我正在經歷生命中最糟糕的日子。如果有個人是個小矮子,或者說一個人過得不快樂,那他一定是個孩子。

與年俱增

　　但我真的不想對孩子們說這些，因為我不想讓他們不高興，孩子們應該是開心的。

　　當一個男孩上唇長滿了鬍子，他是開心的。但當他感覺自己的嘴唇變得像張砂紙時，就像我現在這樣，他更應該覺得開心，為什麼呢？因為他做夢也沒想到自己的幸福和快樂會逐年增加，會變得越來越多。

　　也許會有這樣的情況，假如世界上所有的女孩被濃縮成一個女孩，而這個世界上唯一的女孩是屬於他的，等他找到她的時候──會有這麼一天的，或者根據女權主義的指引，她會反過來找到他──他將用他那寬大的、粗糙的、長有老繭的手緊緊握住她細小、柔軟、白嫩的手，並且說：「我將永遠不會讓這雙小手去洗碗。」

　　真是經典的謊言！

　　他們將會認為此時此刻是無比幸福的。但這兩個寶貴的

Chapter6　憧憬未來

孩子生活才剛剛開始，等你們到了我這個年齡 —— 儘管這還很遙遠 —— 並且像我一樣明白今天才是最好的時光，你們就會知道真正的感受了。比我年長的觀眾，我真的很羨慕你，你離天堂不遠了；比我年輕的觀眾，我很同情你，你要抓緊時間趕上來！

一個孩子可以是充滿快樂的，但當孩子盡顯快樂時，他並沒有擁有快樂，他所擁有的快樂都不會超出一品脫（液體容量單位），然後還會溢出來一些。

一段時間後，同一個孩子會擁有一夸脫[05]的快樂，並且他可以分辨清楚自己真正的快樂是什麼。如果我擁有一加侖的快樂，你們就應該擁有一桶[06]的快樂。

我所說的重點並不單純是容器的體積，而是容器每一次變大都增加了我們自身對快樂的容量。我們的生活起初很窄小，但它會隨著時間的流逝不斷地豐富起來，變得越來越寬廣，來彌補對我們來說原本真的很小的舊世界，並且打破了生活的樊籬。歡呼吧，我們在天堂啦！

---

[05]　一夸脫，液體容量單位，相當於二品脫。
[06]　一桶，相當於31.5加侖。

永保青春

　　因此，我們不會變老。因為我們的生活永遠不會停止，永遠在繼續。所有永恆的事情都從來不會停止。學堂會變舊，最終會倒塌；講臺會變舊，最終會被拋棄；即使是我的演講也會變得微不足道，慢慢地被遺忘。

　　但是，我們將永遠都不會變老，因為上天不會變老。不知道為什麼，我不會擔心今天的結束，而我以前曾經擔心過。過去我經常說：「我現在沒有時間來回答你！」但今天我卻能如此輕鬆地直視著別人說：「我不知道。」也許將來某一天我會知道答案吧！每一天我們都會明瞭某件事的答案！

　　我們要用一生的時間來探究它的無窮！

　　我發現，說這個世界正在退化的人一定是照鏡子過於頻繁了。我發現，這個世界就是一面大鏡子，而我們所看到的僅僅是我們心中所想的。有人說：「這個世界是邪惡的！」我為這樣的人感到惋惜，因為他看到的是他自己。

Chapter6　憧憬未來

　　有人說:「這世界上的每個人都是強盜!」我同樣為這樣的人感到惋惜。本能地,我用手護住了自己的錢包。

　　如果我們大喊這個世界很壞,它也會像回聲一樣喊回來:「壞!壞!壞!」

　　如果我們為這個世界歌唱,它也會為我們歌唱。如果我們愛這個世界,它同樣也會愛我們。

轉敗爲勝

孩子們，當你在聽演說家演講的時候，是否注意到了他在演講中所表現出的輕鬆自在和聰明才智，你有沒有想過在此之前他長年累月的付出？你有沒有想到他一次次地嘗試，然後失敗。他也曾經失落、受辱，然後心碎地回到自己的屋裡？正是這一次次痛苦的經歷和無情的結果才磨練出了你現在所欣賞到的成功演說。你有沒有想過這一點？

當你聽到歌唱家在演唱的時候，是否想到他們輕鬆自如和打動人心的表演，是經過長年的努力，克服了不可避免的失敗才獲得的。每一個成功的演員，每一個成功的作家，或者是其他任何一個成功者都有著這樣的故事。

你是否注意過，生活在氣候溫和地區的人們是最脆弱的；你是否注意過，那些征服世界、勇於挑戰的人們都生活在酷暑嚴寒中。如果你生活在沒有空調系統室溫就會降到零度以下的地區，你應該為此感到高興。不要羨慕生活在溫暖地區

Chapter6　憧憬未來

的人們,那裡是另一種只能養出嬌弱花朵的溫室。

你是否注意過,人們在艱苦年代要比在物質豐富的年代更加成熟。在遭受厄運與失敗的時候,人們往往會因禍得福。「富貴思淫慾。」人們只有在飢餓的時候才會祈求上帝的幫助。「這也不是我建造的巴比倫王國呀?」伯沙撒(Belshazzar)[07]將告訴你「艱難困苦」是不可缺少的磨練。

你們是否還記得,他們曾把約翰・班揚(John Bunyan)關押在貝德福德監獄,在那裡,他才寫出了描寫人性的名著《天路歷程》(*The Pilgrim's Progress*),也許我們中的一些人也應該去監獄裡完成我們的經典著作!你是否記得,一位作家在眼睛瞎了之後,才寫出了《迷失的天堂》(*Lost in Paradise*)。

你是否還記得,以色列國王掃羅在迦瑪列(Gamaliel)門下受教時,他擁有財富,受人尊重,但是,他必須得變成瞎子,被人鞭策,受人羞辱,之後他才能成為一國偉大的領導者。

在你的生活中,你能否領悟到,其實成功就像自焚,之後才能在灰燼中重生,鳳凰涅槃。在失敗和打擊過後迎接我們的才是成功,陽光總在風雨後!當你畢業時,當你手拿畢

---

[07] 伯沙撒,新巴比倫王國的最後一位統治者(嚴格來說是共同攝政王),尼布甲尼撒(Nebuchadnezzar)之子。

業證書站在那裡，親戚朋友過來向你握手，並對你說：「祝賀你成功！」我會向你握手，然後說：「祝你失敗！」或者「祝你遭遇白眼！」或者「祝你歷經挫折！」

給你這樣的祝福是因為我希望你能不畏艱難困苦，而讓自己變得偉大、強壯、成功、快樂、有學識！

Chapter6　憧憬未來

Chapter 7
攀登高峰

Chapter7　攀登高峰

在加利福尼亞時，有一天，我去爬羅威山。我知道，你們中的一些人一定爬過這座被喻為南加州橙色帶的老哨兵的山脈。那一天我從享有「天使之城」和「真正的財富之都」美譽的洛杉磯＝出發，向帕沙第納＝行進，然後經過了阿爾塔迪納＝，之後每隔半英里就會有一個「迪納」式的山地。最後，我來到了羅威山的山腳，或者說是它山下的山丘。

我們穿越了魯維奧峽谷，一直走到素有「工程奇蹟」之稱的三角洲地區。進去之後，我們才發現這裡離地面有三千五百英尺。我們快速地離開了這個看起來很可怕的峽谷，在只有兩根小木棒和一些繩子的情況下，憑藉我的經驗，順著花崗岩懸崖的一側攀到了回音山的頂端。

在回音山的山頂，我們解下那些攀登工具後，發現那裡並不是那片山區的頂端，而只是大山一側的一個部分。於是，我們乘坐有軌電車向五英里外的羅威山出發。我們一直坐到路上沒有鋪設鐵軌的地方才停下來。而在這過程中，每一分鐘都會讓你體驗到新鮮的、獨一無二的刺激。這五英里的道路蜿蜒曲折，纏繞交錯，轉彎也很多！

我們經過了很多木橋，每次經過，木橋都會發出咯吱咯吱的聲音，這時我便會抓緊座椅或扶手。

我們終於來到了最刺激的地方！售票處的工作人員對這

個地方作出了承諾：如果你覺得這裡沒有廣告中說的那麼刺激，完全可以無條件退票。我看見它了！就在我的面前！我們的車飛快地駛過被人類釘在岩壁上的木架。

此時，我被那些負責釘這些釘子的人的真誠深深地震撼了！我想，如果他們當初只是因為這是一項工作，甚至是為了混日子才釘的釘子，現在我們一定會看到車的一側正在直線下跌！車的另一側對著懸崖。我們正在上升！大約一英里，無論是直線上升，還是直線下降，中途都無法停下來！

車停下來時，我們已到達海拔三千五百英尺的地方。我們來到了另一個山架，人們叫它高山旅社，科學也難以解釋這一奇觀。要登上羅威山的山頂還有十一英尺的高度，並且還有一段三英里多的蜿蜒小路。我獨自一人在中午前上路了。

Chapter7　攀登高峰

登上雲端

　　我最終登上了羅威山的巔峰，山頂是一塊平坦的岩石，這裡要比平原高出一英里。

　　此時，已不能用人類有限的詞語來講述我的美好經歷，你需要親身去體驗。天空純淨、明朗，透過遊動、顫抖的空氣，我可以看見加州南部那一片橙色地帶。所有的一切像是由青綠色、琥珀色和翡翠綠拼成的一幅絢麗圖畫，展現在我的眼前。我用望遠鏡看到了數英里以外的全景，這一距離在我的羅威山地圖上只有一英尺長，從各個方位來觀賞它卻花費了我一個小時的時間。

　　在我的正下方是洛杉磯和帕沙第納。在我的右側大約四十英哩處是太平洋，它似乎看起來離我很近。我感覺自己就在太平洋的岸邊，順手撿起石塊，一下就能扔進海裡。但是，當我真的把石塊扔過去時，卻砸在了自己的腳趾頭上，一座山竟也把我給騙了！

登上雲端

　　在我背後是高高聳立的花崗岩懸崖，而且我發現羅威山的巔峰只不過是高大的鋸齒山脊的一側。在我的左邊是老禿頭山，海拔一萬兩千英尺並且山頂終年積雪。

　　我從另一角度欣賞到了無限的景色，感覺自己就像在一間偉大的創作室之中。

　　現在，雲來到了山谷，就在我的腳下，我已經登上雲端了！雲彩開始擴散、蔓延，直到覆蓋了整個山谷。現在它靠近了我，氤氳的水氣使我明白山谷中正在下雨。那裡確實在下雨，人們在說：「下雨了，太陽躲起來了，天空滿布陰霾。」

　　但我仍然站在山頂上，太陽正照耀著我。我頭上的天空依舊晴朗，我腳下的地方卻在下雨，我踩在暴風雨上，沐浴在陽光裡。

　　我在距山谷一英里高的地方，散發著萬丈光芒的陽光照耀在我的身上。

　　現在雨停了，經過雨水洗滌後的山谷變得更加明亮。我打算經由山坡下山了，在開始下山之前，暮色再次遮蓋了山谷。

　　我向西南邊望去，太陽正在下落，越來越低，直到它那紅色的雙唇親吻到海洋藍色的臉頰，它炙熱的光輝和明亮的

Chapter7　攀登高峰

彩虹散布在西南方,而暮色向山谷東側移動著,越來越寬,直到山谷完全變黑了。山谷中城市裡的燈光開始閃爍,我知道已經是夜晚了,人們在說:「陽光逐漸退去,夜晚已經降臨。」但當我轉過身,回頭看這座山時,看到輝煌的光芒仍沐浴著羅威山的山峰,而黑暗已經充滿了山谷。山谷已是夜晚而山頂卻依舊是白天!

噢,天啊!

我聽到了這聲音。我在山谷裡和山頂上聽見過它!我在暴風雨中聽見過它,在夜幕降臨萬家燈火時也聽見過它!

我的孩子,你在暴風雨裡嗎?攀登得更高一些,你就會變得平靜。

你在黑暗中嗎?攀登得更高一些,你將會看到光明,因為平靜和光明就在我們的上方,就在暴風雨和黑暗的上方,而生活是從暴風雨和黑暗中走向平靜和光明的旅程。

這些年裡,我一直在攀爬我人生的山峰。我曾多次失足,多次摔落。我曾說:「我堅持不了太久了。」但現在,我感覺自己正在山坡上前行,我的視野更寬闊了。當我回顧過去,發現所有的困難都是教訓,所有那些岩石都鋪成了一步一步的臺階。

從某種意義上來說,正是這些經歷才使我越爬越高,越

來越好。因為每天我都在前進；每天都會戰勝一些曾使我們害怕的阻礙；每天都能躍過我們的局限。

今天是我們最好的時光，因為我們站在了最高點，但隨著暴風雨和山谷夜晚的到來。我們應該發現所謂人生的巔峰只不過是永恆之山一側的一個部分而已。我們應該已經在路上了，但僅僅邁出了第一步。我們應該向在我們之上的百萬英里高度努力！

登上山頂的日子就像一個光榮的畢業典禮，而畢業典禮和碩士學位並不意味著結束，因為我們將要上升的高度沒有盡頭，直至永恆！

國家圖書館出版品預行編目資料

挫折研究所 —— 獲得完美人格的必修課堂：曾改變無數人命運的勵志演講，美國最偉大的心靈導師以「挫折」鼓舞人生！ / [美] 拉爾夫・阿爾伯特・佩里特（Ralph Albert Palette）著，繁多 譯. -- 第一版. -- 臺北市：崧燁文化事業有限公司，2024.10
面； 公分
POD 版
譯 自：The university of hard knocks : the school that completes our education.
ISBN 978-626-394-949-2(平裝)
1.CST: 人生哲學
191.9　　　　　　　113015369

挫折研究所 —— 獲得完美人格的必修課堂：曾改變無數人命運的勵志演講，美國最偉大的心靈導師以「挫折」鼓舞人生！

臉書

作　　　者：[美] 拉爾夫・阿爾伯特・佩里特（Ralph Albert Palette）
翻　　　譯：繁多
發　行　人：黃振庭
出　版　者：崧燁文化事業有限公司
發　行　者：崧燁文化事業有限公司
E - m a i l：sonbookservice@gmail.com
粉　絲　頁：https://www.facebook.com/sonbookss/
網　　　址：https://sonbook.net/
地　　　址：台北市中正區重慶南路一段 61 號 8 樓
8F., No.61, Sec. 1, Chongqing S. Rd., Zhongzheng Dist., Taipei City 100, Taiwan
電　　　話：(02) 2370-3310　　　傳　　真：(02) 2388-1990
印　　　刷：京峯數位服務有限公司
律師顧問：廣華律師事務所 張珮琦律師

-版權聲明-

本書版權為出版策劃人：孔寧所有授權崧博出版事業有限公司獨家發行電子書及繁體書繁體字版。若有其他相關權利及授權需求請與本公司聯繫。
未經書面許可，不得複製、發行。

定　　價：299 元
發行日期：2024 年 10 月第一版
◎本書以 POD 印製
Design Assets from Freepik.com